LE TARTUFFE
DOM JUAN

MOLIÈRE

Le Tartuffe
Dom Juan

LE

TARTUFFE

OU

L'IMPOSTEUR

COMÉDIE

par J.-B. P. de Molière.

A PARIS

chez Jean Ribou, au Palais, vis-à-vis
la Porte de l'Église de la Sainte-Chapelle,
à l'Image Saint Louis.

M. DC. LXIX
AVEC PRIVILÈGE DU ROI

MOLIÈRE
(1622-1673)

Jean-Baptiste Poquelin, fils d'un tapissier honoraire du roi, bourgeois aisé, est baptisé le 15 janvier 1622. Il est éduqué chez les jésuites dans le meilleur collège de France avant d'entreprendre des études de droit et de se préparer à recueillir la charge de son père. Mais il rencontre Madeleine Béjart. Elle a trente ans, il en a vingt. Avec elle il fonde, en 1643, *l'Illustre Théâtre*, et renonce à la succession paternelle.

Responsable de la troupe, il prend le nom de Molière en août 1644 et part pour la province où il tournera treize années pendant lesquelles, jouant des tragédies, composant des comédies — aujourd'hui perdues — il apprendra les ressorts du théâtre et de la nature humaine.

En 1658, sous le patronage du frère du roi, il donne devant Louis XIV *Nicomède* de Corneille, une tragédie qui ennuie le souverain, et *Le Docteur amoureux*, une comédie qui le fait rire aux éclats. Sa Majesté autorise la troupe à s'installer à Paris, où elle joue des tragédies de Corneille qui remportent moins de succès que les comédies écrites par Molière : ainsi, *Les Précieuses ridicules* (1659) sont-elles un triomphe. Suivent *Sganarelle* (où Molière reprend les « recettes de la Commedia dell'arte) puis *L'École des maris*. *L'Amour médecin*... Sa troupe s'est installée salle du Palais-Royal, l'actuelle Comédie française.

En 1662, il épouse Armande Béjart, la fille de Made-

leine. Pour elle, il écrira ses plus beaux rôles féminins.
Ses succès, notamment avec *L'École des femmes* (1662)
font des envieux. On l'accuse d'obscénité, on l'attaque
sur sa vie privée. La réplique du roi, qui pensionne
Molière, est cinglante : il décide d'être le parrain de
Louis, fils de Molière et d'Armande Béjart, en février
1664. La Cour se tait, car Molière a la faveur du roi,
qu'il amuse. Mais le roi vieillit, et se rapproche du parti
dévot. Il retire, devant le mécontentement de la Cour,
son soutien à Molière, et interdit *Tartuffe* en 1664.
Triste symbole : Louis, le petit filleul royal, meurt la
même année. La pièce *Dom Juan*, l'année suivante, doit
être retirée de l'affiche avant que le roi ne l'ait vue.
Racine, pourtant ami de Molière dont la troupe répète
une pièce la retire, pour la donner à une troupe concur-
rente.

Molière tombe malade. Et écrit, rendu amer par ces
épreuves, *Le Misanthrope* (1666). En 1667, il parvient à
faire rejouer *Tartuffe*. La pièce est aussitôt interdite.
L'archevêque de Paris menace d'excommunication ceux
qui représenteront, liront ou écouteront la pièce. Le roi,
le 5 février 1669, l'autorise pourtant : c'est un triomphe.

Mais Molière, usé par les tracas, les cabales injustes
et les ennuis de santé reste profondément blessé. Sa vie
conjugale est un échec. Armande lui est infidèle. Il
pardonne. Nouveaux triomphes, en 1670, avec *Le Bourgeois gentilhomme*, en 1672 avec *Les femmes savantes*.
Molière le saltimbanque devient riche : il a une écurie,
se déplace en chaise à porteurs... Mais la mort guette :
c'est d'abord Madeleine Béjart, la vieille maîtresse,
mère d'Armande, complice de ses débuts qui s'en va.
Puis Pierre, un fils qui ne vit qu'un mois. Écarté de la
Cour par Lulli, rongé par la maladie (sans doute la
tuberculose), Molière monte *Le Malade imaginaire*. Le
public, qui lui est resté fidèle, accourt le 17 février
1673. Bien qu'épuisé, Molière refuse d'annuler la repré-
sentation. A la fin du spectacle, il est pris de convul-

sions. Transporté chez lui, il y meurt dans la soirée, Armande à son chevet.

L'Église, qui ne lui a jamais pardonné de s'être moqué d'elle, refuse qu'il soit enterré dans un cimetière catholique. Il faut que Louis XIV intervienne pour que le plus grand auteur comique de la littérature française soit enfin inhumé dans un endroit réservé aux non baptisés.

LE
TARTUFFE
OU
L'IMPOSTEUR

COMÉDIE
par J.-B. P. Molière

L'IMPOSTEUR

Comédie

ACTEURS

MADAME PERNELLE, *mère d'Orgon.*
ORGON, *mari d'Elmire.*
ELMIRE, *femme d'Orgon.*
DAMIS, *fils d'Orgon.*
MARIANE, *fille d'Organ et amante de Valère.*
VALÈRE, *amant de Mariane.*
CLÉANTE, *beau-frère d'Orgon.*
TARTUFFE, *faux dévot.*
DORINE, *suivante de Mariane.*
MONSIEUR LOYAL, *sergent.*
UN EXEMPT.
FLIPOTE, *servante de Madame Pernelle.*

La scène est à Paris.

ACTE PREMIER

SCÈNE PREMIÈRE

MADAME PERNELLE ET FLIPOTE *sa servante*,
ELMIRE, MARIANE, DORINE, DAMIS, CLÉANTE

MADAME PERNELLE

Allons, Flipote, allons, que d'eux je me délivre.

ELMIRE

Vous marchez d'un tel pas qu'on a peine à vous
[suivre.

MADAME PERNELLE

Laissez, ma bru, laissez, ne venez pas plus loin :
Ce sont toutes façons dont je n'ai pas besoin.

ELMIRE

5   De ce que l'on vous doit envers vous on s'acquitte.
Mais, ma mère, d'où vient que vous sortez si vite ?

MADAME PERNELLE

C'est que je ne puis voir tout ce ménage-ci,

Et que de me complaire on ne prend nul souci.
Oui, je sors de chez vous fort mal édifiée :
10 Dans toutes mes leçons j'y suis contrariée,
On n'y respecte rien, chacun y parle haut,
Et c'est tout justement la cour du roi Pétaut.

DORINE

Si...

MADAME PERNELLE

Vous êtes, mamie, une fille suivante
Un peu trop forte en gueule, et fort impertinente :
15 Vous vous mêlez sur tout de dire votre avis.

DAMIS

Mais...

MADAME PERNELLE

Vous êtes un sot en trois lettres, mon fils ;
C'est moi qui vous le dis, qui suis votre grand-
[mère ;
Et j'ai prédit cent fois à mon fils, votre père,
Que vous preniez tout l'air d'un méchant
[garnement,
20 Et ne lui donneriez jamais que du tourment.

MARIANE

Je crois...

MADAME PERNELLE

Mon Dieu, sa sœur, vous faites la discrète,
Et vous n'y touchez pas, tant vous semblez doucette ;

Mais il n'est, comme on dit, pire eau que l'eau qui
[dort,
Et vous menez sous chape un train que je hais fort.

ELMIRE

Mais, ma mère...

MADAME PERNELLE

25   Ma bru, qu'il ne vous en déplaise,
Votre conduite en tout est tout à fait mauvaise ;
Vous devriez leur mettre un bon exemple aux yeux,
Et leur défunte mère en usait beaucoup mieux.
Vous êtes dépensière ; et cet état me blesse,
30 Que vous alliez vêtue ainsi qu'une princesse.
Quiconque à son mari veut plaire seulement,
Ma bru, n'a pas besoin de tant d'ajustement.

CLÉANTE

Mais, Madame, après tout...

MADAME PERNELLE

                Pour vous, Monsieur
[son frère,
Je vous estime fort, vous aime, et vous révère ;
35 Mais enfin, si j'étais de mon fils, son époux,
Je vous prierais bien fort de n'entrer point chez
[nous.
Sans cesse vous prêchez des maximes de vivre
Qui par d'honnêtes gens ne se doivent point suivre.
Je vous parle un peu franc ; mais c'est là mon
[humeur,
40 Et je ne mâche point ce que j'ai sur le cœur.

DAMIS

Votre Monsieur Tartuffe est bienheureux sans
[doute...

MADAME PERNELLE

C'est un homme de bien, qu'il faut que l'on écoute ;
Et je ne puis souffrir sans me mettre en courroux
De le voir querellé par un fou comme vous.

DAMIS

45 Quoi ? je souffrirai, moi, qu'un cagot de critique
Vienne usurper céans un pouvoir tyrannique,
Et que nous ne puissions à rien nous divertir,
Si ce beau monsieur-là n'y daigne consentir ?

DORINE

S'il le faut écouter et croire à ses maximes,
50 On ne peut faire rien qu'on ne fasse des crimes ;
Car il contrôle tout, ce critique zélé.

MADAME PERNELLE

Et tout ce qu'il contrôle est fort bien contrôlé.
C'est au chemin du Ciel qu'il prétend vous
                              [conduire,
Et mon fils à l'aimer vous devrait tous induire.

DAMIS

55 Non, voyez-vous, ma mère, il n'est père ni rien
Qui me puisse obliger à lui vouloir du bien :
Je trahirais mon cœur de parler d'autre sorte ;
Sur ses façons de faire à tous coups je m'emporte ;
J'en prévois une suite, et qu'avec ce pied plat
60 Il faudra que j'en vienne à quelque grand éclat.

DORINE

Certes, c'est une chose aussi qui scandalise,

De voir qu'un inconnu céans s'impatronise,
Qu'un gueux qui, quand il vint, n'avait pas de
                                    [souliers
Et dont l'habit entier valait bien six deniers,
En vienne jusque-là que de se méconnaître,
De contrarier tout, et de faire le maître.

MADAME PERNELLE

Hé ! merci de ma vie ? il en irait bien mieux,
Si tout se gouvernait par ses ordres pieux.

DORINE

Il passe pour un saint dans votre fantaisie :
Tout son fait, croyez-moi, n'est rien qu'hypocrisie.

MADAME PERNELLE

Voyez la langue !

DORINE

        A lui, non plus qu'à son Laurent,
Je ne me fierais, moi, que sur un bon garant.

MADAME PERNELLE

J'ignore ce qu'au fond le serviteur peut être ;
Mais pour homme de bien, je garantis le maître.
Vous ne lui voulez mal et ne le rebutez
Qu'à cause qu'il vous dit à tous vos vérités.
C'est contre le péché que son cœur se courrouce,
Et l'intérêt du Ciel est tout ce qui le pousse.

DORINE

Oui ; mais pourquoi, surtout depuis un certain
                                    [temps,

80 Ne saurait-il souffrir qu'aucun hante céans ?
En quoi blesse le Ciel une visite honnête,
Pour en faire un vacarme à nous rompre la tête ?
Veut-on que là-dessus je m'explique entre nous ?
Je crois que de Madame il est, ma foi, jaloux.

MADAME PERNELLE

85 Taisez-vous, et songez aux choses que vous dites.
Ce n'est pas lui tout seul qui blâme ces visites.
Tout ce tracas qui suit les gens que vous hantez,
Ces carrosses sans cesse à la porte plantés,
Et de tant de laquais le bruyant assemblage
90 Font un éclat fâcheux dans tout le voisinage.
Je veux croire qu'au fond il ne se passe rien ;
Mais enfin on en parle, et cela n'est pas bien.

CLÉANTE

Hé ! voulez-vous, Madame, empêcher qu'on ne
                                            [cause ?
Ce serait dans la vie une fâcheuse chose,
95 Si pour les sots discours où l'on peut être mis,
Il fallait renoncer à ses meilleurs amis.
Et quand même on pourrait se résoudre à le faire,
Croiriez-vous obliger tout le monde à se taire ?
Contre la médisance il n'est point de rempart.
100 A tous les sots caquets n'ayons donc nul égard ;
Efforçons-nous de vivre avec toute innocence,
Et laissons aux causeurs une pleine licence.

DORINE

Daphné, notre voisine, et son petit époux
Ne seraient-ils point ceux qui parlent mal de nous ?
105 Ceux de qui la conduite offre le plus à rire
Sont toujours sur autrui les premiers à médire ;

Ils ne manquent jamais de saisir promptement
L'apparente lueur du moindre attachement,
D'en semer la nouvelle avec beaucoup de joie,
110 Et d'y donner le tour qu'ils veulent qu'on y croie :
Des actions d'autrui, teintes de leurs couleurs,
Ils pensent dans le monde autoriser les leurs,
Et sous le faux espoir de quelque ressemblance,
Aux intrigues qu'ils ont donner de l'innocence,
115 Ou faire ailleurs tomber quelques traits partagés
De ce blâme public dont ils sont trop chargés.

MADAME PERNELLE

Tous ces raisonnements ne font rien à l'affaire.
On sait qu'Orante mène une vie exemplaire :
Tous ses soins vont au Ciel ; et j'ai su par des gens
120 Qu'elle condamne fort le train qui vient céans.

DORINE

L'exemple est admirable, et cette dame est bonne !
Il est vrai qu'elle vit en austère personne ;
Mais l'âge dans son âme a mis ce zèle ardent,
Et l'on sait qu'elle est prude à son corps défendant.
125 Tant qu'elle a pu des cœurs attirer les hommages,
Elle a fort bien joui de tous ses avantages ;
Mais, voyant de ses yeux tous les brillants baisser,
Au monde, qui la quitte, elle veut renoncer,
Et du voile pompeux d'une haute sagesse
130 De ses attraits usés déguiser la faiblesse.
Ce sont là les retours des coquettes du temps.
Il leur est dur de voir déserter les galants.
Dans un tel abandon, leur sombre inquiétude
Ne voit d'autre recours que le métier de prude ;
135 Et la sévérité de ces femmes de bien
Censure toute chose, et ne pardonne à rien ;
Hautement d'un chacun elles blâment la vie,

Non point par charité, mais par un trait d'envie,
Qui ne saurait souffrir qu'une autre ait les plaisirs
140 Dont le penchant de l'âge a sevré leurs désirs.

MADAME PERNELLE

Voilà les contes bleus qu'il vous faut pour vous
                                        [plaire.
Ma bru, l'on est chez vous contrainte de se taire,
Car Madame à jaser tient le dé tout le jour.
Mais enfin je prétends discourir à mon tour :
145 Je vous dis que mon fils n'a rien fait de plus sage
Qu'en recueillant chez soi ce dévot personnage ;
Que le Ciel au besoin l'a céans envoyé
Pour redresser à tous votre esprit fourvoyé ;
Que pour votre salut vous le devez entendre,
150 Et qu'il ne reprend rien qui ne soit à reprendre.
Ces visites, ces bals, ces conversations
Sont du malin esprit toutes inventions.
Là jamais on n'entend de pieuses paroles :
Ce sont propos oisifs, chansons et fariboles ;
155 Bien souvent le prochain en a sa bonne part,
Et l'on y sait médire et du tiers et du quart.
Enfin les gens sensés ont leurs têtes troublées
De la confusion de telles assemblées :
Mille caquets divers s'y font en moins de rien ;
160 Et comme l'autre jour un docteur dit fort bien,
C'est véritablement la tour de Babylone,
Car chacun y babille, et tout du long de l'aune ;
Et pour conter l'histoire où ce point l'engagea...
Voilà-t-il pas Monsieur qui ricane déjà !
165 Allez chercher vos fous qui vous donnent à rire,
Et sans... Adieu, ma bru : je ne veux plus rien dire.
Sachez que pour céans j'en rabats de moitié,
Et qu'il fera beau temps quand j'y mettrai le pied.

Donnant un soufflet à Flipote.

Allons, vous, vous rêvez, et bayez aux corneilles.

170 Jour de Dieu ! je saurai vous frotter les oreilles.
Marchons, gaupe, marchons.

SCÈNE II

CLÉANTE, DORINE

CLÉANTE

Je n'y veux point aller,
De peur qu'elle ne vînt encor me quereller,
Que cette bonne femme...

DORINE

Ah ! certes, c'est dommage
Qu'elle ne vous ouît tenir un tel langage :
175 Elle vous dirait bien qu'elle vous trouve bon,
Et qu'elle n'est point d'âge à lui donner ce nom.

CLÉANTE

Comme elle s'est pour rien contre nous échauffée !
Et que de son Tartuffe elle paraît coiffée !

DORINE

Oh ! vraiment tout cela n'est rien au prix du fils,
180 Et si vous l'aviez vu, vous diriez : « C'est bien pis ! »
Nos troubles l'avaient mis sur le pied d'homme
                                              [sage,
Et pour servir son prince il montra du courage ;
Mais il est devenu comme un homme hébété,
Depuis que de Tartuffe on le voit entêté ;
185 Il l'appelle son frère, et l'aime dans son âme

Cent fois plus qu'il ne fait mère, fils, fille, et
                                        [femme.
C'est de tous ses secrets l'unique confident,
Et de ses actions le directeur prudent ;
Il le choie, il l'embrasse, et pour une maîtresse
190 On ne saurait, je pense, avoir plus de tendresse ;
A table, au plus haut bout il veut qu'il soit assis ;
Avec joie il l'y voit manger autant que six ;
Les bons morceaux de tout, il fait qu'on les lui
                                        [cède ;
Et s'il vient à roter, il lui dit : « Dieu vous aide ! »

                    C'est une servante qui parle.

195 Enfin il en est fou ; c'est son tout, son héros ;
Il l'admire à tous coups, le cite à tout propos ;
Ses moindres actions lui semblent des miracles,
Et tous les mots qu'il dit sont pour lui des oracles.
Lui, qui connaît sa dupe et qui veut en jouir,
200 Par cent dehors fardés a l'art de l'éblouir ;
Son cagotisme en tire à toute heure des sommes,
Et prend droit de gloser sur tous tant que nous
                                        [sommes.
Il n'est pas jusqu'au fat qui lui sert de garçon
Qui ne se mêle aussi de nous faire leçon ;
205 Il vient nous sermonner avec des yeux farouches,
Et jeter nos rubans, notre rouge et nos mouches.
Le traître, l'autre jour, nous rompit de ses mains
Un mouchoir qu'il trouva dans une *Fleur des Saints*,
Disant que nous mêlions, par un crime effroyable,
210 Avec la sainteté les parures du diable.

SCÈNE III

ELMIRE, MARIANE, DAMIS
CLÉANTE, DORINE

ELMIRE

Vous êtes bienheureux de n'être point venu

Au discours qu'à la porte elle nous a tenu.
Mais j'ai vu mon mari ! comme il ne m'a point vue,
Je veux aller là-haut attendre sa venue.

CLÉANTE

215   Moi, je l'attends ici pour moins d'amusement,
Et je vais lui donner le bonjour seulement.

DAMIS

De l'hymen de ma sœur touchez-lui quelque chose.
J'ai soupçon que Tartuffe à son effet s'oppose,
Qu'il oblige mon père à des détours si grands ;
220   Et vous n'ignorez pas quel intérêt j'y prends.
Si même ardeur enflamme et ma sœur et Valère,
La sœur de cet ami, vous le savez, m'est chère ;
Et s'il fallait...

DORINE

Il entre.

SCÈNE IV

ORGON, CLÉANTE, DORINE

ORGON

Ah ! mon frère, bonjour.

CLÉANTE

Je sortais, et j'ai joie à vous voir de retour.
225   La campagne à présent n'est pas beaucoup fleurie.

ORGON

Dorine... Mon beau-frère, attendez, je vous prie :
Vous voulez bien souffrir, pour m'ôter de souci,
Que je m'informe un peu des nouvelles d'ici.
Tout s'est-il, ces deux jours, passé de bonne sorte ?
230 Qu'est-ce qu'on fait céans ? comme est-ce qu'on s'y
                                              [porte ?

DORINE

Madame eut avant-hier la fièvre jusqu'au soir,
Avec un mal de tête étrange à concevoir.

ORGON

Et Tartuffe ?

DORINE

          Tartuffe ? Il se porte à merveille.
Gros et gras, le teint frais, et la bouche vermeille.

ORGON

Le pauvre homme !

DORINE

               Le soir, elle eut un grand dégoût,
235 Et ne put au souper toucher à rien du tout,
Tant sa douleur de tête était encore cruelle !

ORGON

Et Tartuffe ?

DORINE

Il soupa, lui tout seul, devant elle,
Et fort dévotement il mangea deux perdrix,
Avec une moitié de gigot en hachis.

ORGON

Le pauvre homme !

DORINE

240   La nuit se passa tout entière
Sans qu'elle pût fermer un moment la paupière ;
Des chaleurs l'empêchaient de pouvoir sommeiller,
Et jusqu'au jour près d'elle il nous fallut veiller.

ORGON

Et Tartuffe ?

DORINE

245   Pressé d'un sommeil agréable,
Il passa dans sa chambre au sortir de la table,
Et dans son lit bien chaud il se mit tout soudain,
Où sans trouble il dormit jusques au lendemain.

ORGON

Le pauvre homme !

DORINE

         A la fin, par nos raisons gagnée,
250 Elle se résolut à souffrir la saignée,
Et le soulagement suivit tout aussitôt.

ORGON

Et Tartuffe ?

DORINE

Il reprit courage comme il faut,
Et contre tous les maux fortifiant son âme,
Pour réparer le sang qu'avait perdu Madame,
255 But à son déjeuner quatre grands coups de vin.

ORGON

Le pauvre homme !

DORINE

Tous deux se portent bien
[enfin ;
Et je vais à Madame annoncer par avance
La part que vous prenez à sa convalescence.

SCÈNE V

ORGON, CLÉANTE

CLÉANTE

A votre nez, mon frère, elle se rit de vous ;
260 Et sans avoir dessein de vous mettre en courroux,
Je vous dirai tout franc que c'est avec justice.
A-t-on jamais parlé d'un semblable caprice ?
Et se peut-il qu'un homme ait un charme aujourd'hui

A vous faire oublier toutes choses pour lui,
265 Qu'après avoir chez vous réparé sa misère,
Vous en veniez au point ?...

ORGON

                    Alte-là, mon beau-frère :
Vous ne connaissez pas celui dont vous parlez.

CLÉANTE

Je ne le connais pas, puisque vous le voulez ;
Mais enfin, pour savoir quel homme ce peut être...

ORGON

270 Mon frère, vous seriez charmé de le connaître,
Et vos ravissements ne prendraient point de fin.
C'est un homme... qui,... ha ! un homme... un
                                        [homme enfin.
Qui suit bien ses leçons goûte une paix profonde,
Et comme du fumier regarde tout le monde.
275 Oui, je deviens tout autre avec son entretien ;
Il m'enseigne à n'avoir affection pour rien,
De toutes amitiés il détache mon âme ;
Et je verrais mourir frère, enfants, mère et femme,
Que je m'en soucierais autant que de cela.

CLÉANTE

280 Les sentiments humains, mon frère, que voilà !

ORGON

Ha ! si vous aviez vu comme j'en fis rencontre,
Vous auriez pris pour lui l'amitié que je montre.

Chaque jour à l'église il venait, d'un air doux,
Tout vis-à-vis de moi se mettre à deux genoux.
285 Il attirait les yeux de l'assemblée entière
Par l'ardeur dont au Ciel il poussait sa prière ;
Il faisait des soupirs, de grands élancements,
Et baisait humblement la terre à tous moments ;
Et lorsque je sortais, il me devançait vite,
290 Pour m'aller à la porte offrir de l'eau bénite.
Instruit par son garçon, qui dans tout l'imitait,
Et de son indigence, et de ce qu'il était,
Je lui faisais des dons ; mais avec modestie
Il me voulait toujours en rendre une partie.
295 « C'est trop, me disait-il, c'est trop de la moitié ;
Je ne mérite pas de vous faire pitié » ;
Et quand je refusais de le vouloir reprendre,
Aux pauvres, à mes yeux, il allait le répandre.
Enfin le Ciel chez moi me le fit retirer,
300 Et depuis ce temps-là tout semble y prospérer.
Je vois qu'il reprend tout, et qu'à ma femme même
Il prend, pour mon honneur, un intérêt extrême ;
Il m'avertit des gens qui lui font les yeux doux,
Et plus que moi six fois il s'en montre jaloux.
305 Mais vous ne croiriez point jusqu'où monte son
                                                    [zèle :
Il s'impute à péché la moindre bagatelle ;
Un rien presque suffit pour le scandaliser ;
Jusque-là qu'il se vint l'autre jour accuser
D'avoir pris une puce en faisant sa prière,
310 Et de l'avoir tuée avec trop de colère.

CLÉANTE

Parbleu ! vous êtes fou, mon frère, que je crois.
Avec de tels discours vous moquez-vous de moi ?
Et que prétendez-vous que tout ce badinage ?...

ORGON

Mon frère, ce discours sent le libertinage :

315 Vous en etes un peu dans votre âme entiché ;
Et comme je vous l'ai plus de dix fois prêché,
Vous vous attirerez quelque méchante affaire.

CLÉANTE

Voilà de vos pareils le discours ordinaire :
Ils veulent que chacun soit aveugle comme eux.
320 C'est être libertin que d'avoir de bons yeux,
Et qui n'adore pas de vaines simagrées
N'a ni respect ni foi pour les choses sacrées.
Allez, tous vos discours ne me font point de peur :
Je sais comme je parle, et le Ciel voit mon cœur,
325 De tous vos façonniers on n'est point les esclaves.
Il est de faux dévots ainsi que de faux braves ;
Et comme on ne voit pas qu'où l'honneur les
[conduit
Les vrais braves soient ceux qui font beaucoup de
[bruit,
Les bons et vrais dévots, qu'on doit suivre à la trace,
330 Ne sont pas ceux aussi qui font tant de grimace.
Hé quoi ? vous ne ferez nulle distinction
Entre l'hypocrisie et la dévotion ?
Vous les voulez traiter d'un semblable langage,
Et rendre même honneur au masque qu'au visage,
335 Égaler l'artifice à la sincérité,
Confondre l'apparence avec la vérité,
Estimer le fantôme autant que la personne,
Et la fausse monnaie à l'égal de la bonne ?
Les hommes la plupart sont étrangement faits !
340 Dans la juste nature on ne les voit jamais ;
La raison a pour eux des bornes trop petites ;
En chaque caractère ils passent ses limites ;
Et la plus noble chose, ils la gâtent souvent
Pour la vouloir outrer et pousser trop avant.
345 Que cela vous soit dit en passant, mon beau-frère.

ORGON

Oui, vous êtes sans doute un docteur qu'on révère ;

Tout le savoir du monde est chez vous retiré ;
Vous êtes le seul sage et le seul éclairé,
Un oracle, un Caton dans le siècle où nous
                              [sommes ;
350 Et près de vous ce sont des sots que tous les
                              [hommes.

CLÉANTE

Je ne suis point, mon frère, un docteur révéré,
Et le savoir chez moi n'est pas tout retiré.
Mais, en un mot, je sais, pour toute ma science,
Du faux avec le vrai faire la différence.
355 Et comme je ne vois nul genre de héros
Qui soient plus à priser que les parfaits dévots,
Aucune chose au monde et plus noble et plus belle
Que la sainte ferveur d'un véritable zèle,
Aussi ne vois-je rien qui soit plus odieux
360 Que le dehors plâtré d'un zèle spécieux,
Que ces francs charlantans, que ces dévots de
                              [place,
De qui la sacrilège et trompeuse grimace
Abuse impunément et se joue à leur gré
De ce qu'ont les mortels de plus saint et sacré,
365 Ces gens qui, par une âme à l'intérêt soumise,
Font de dévotion métier et marchandise,
Et veulent acheter crédit et dignités
A prix de faux clins d'yeux et d'élans affectés,
Ces gens, dis-je, qu'on voit d'une ardeur non
                              [commune
370 Par le chemin du Ciel courir à leur fortune,
Qui, brûlants et priants, demandent chaque jour,
Et prêchent la retraite au milieu de la cour,
Qui savent ajuster leur zèle avec leurs vices,
Sont prompts, vindicatifs, sans foi, pleins
                              [d'artifices,
375 Et pour perdre quelqu'un couvrent insolemment

De l'intérêt du Ciel leur fier ressentiment,
D'autant plus dangereux dans leur âpre colère,
Qu'ils prennent contre nous des armes qu'on révère,
Et que leur passion, dont on leur sait bon gré,
380 Veut nous assassiner avec un fer sacré.
De ce faux caractère on en voit trop paraître ;
Mais les dévots de cœur sont aisés à connaître.
Notre siècle, mon frère, en expose à nos yeux
Qui peuvent nous servir d'exemples glorieux :
385 Regardez Ariston, regardez Périandre,
Oronte, Alcidamas, Polydore, Clitandre ;
Ce titre par aucun ne leur est débattu ;
Ce ne sont point du tout fanfarons de vertu ;
On ne voit point en eux ce faste insupportable,
390 Et leur dévotion est humaine, est traitable ;
Ils ne censurent point toutes nos actions :
Ils trouvent trop d'orgueil dans ces corrections ;
Et laissant la fierté des paroles aux autres,
C'est par leurs actions qu'ils reprennent les nôtres.
395 L'apparence du mal a chez eux peu d'appui,
Et leur âme est portée à juger bien d'autrui.
Point de cabale en eux, point d'intrigues à suivre ;
On les voit, pour tous soins, se mêler de bien vivre ;
Jamais contre un pécheur ils n'ont d'acharnement ;
400 Ils attachent leur haine au péché seulement,
Et ne veulent point prendre, avec un zèle extrême,
Les intérêts du Ciel plus qu'il ne veut lui-même.
Voilà mes gens, voilà comme il en faut user,
Voilà l'exemple enfin qu'il se faut proposer.
405 Votre homme, à dire vrai, n'est pas de ce modèle :
C'est de fort bonne foi que vous vantez son zèle :
Mais par un faux éclat je vous crois ébloui.

ORGON

Monsieur mon cher beau-frère, avez-vous tout dit ?

CLÉANTE

                                        Oui.

ORGON

Je suis votre valet.

                        Il veut s'en aller.

CLÉANTE

                    De grâce, un mot, mon frère.
410 Laissons là ce discours. Vous savez que Valère
Pour être votre gendre a parole de vous ?

ORGON

Oui.

CLÉANTE

Vous aviez pris jour pour un lien si doux.

ORGON

Il est vrai.

CLÉANTE

Pourquoi donc en différer la fête ?

ORGON

Je ne sais.

CLÉANTE

Auriez-vous autre pensée en tête ?

ORGON

Peut-être.

CLÉANTE

415   Vous voulez manquer à votre foi ?

ORGON

Je ne dis pas cela.

CLÉANTE

Nul obstacle, je crois,
Ne vous peut empêcher d'accomplir vos promesses.

ORGON

Selon.

CLÉANTE

Pour dire un mot faut-il tant de finesses ?
Valère sur ce point me fait vous visiter.

ORGON

Le Ciel en soit loué !

CLÉANTE

420   Mais que lui reporter ?

ORGON

Tout ce qu'il vous plaira.

CLÉANTE

                Mais il est nécessaire
De savoir vos desseins. Quels sont-ils donc ?

ORGON

                                        De faire
Ce que le Ciel voudra.

CLÉANTE

                Mais parlons tout de bon.
Valère a votre foi : la tiendrez-vous, ou non ?

ORGON

Adieu.

CLÉANTE

425   Pour son amour je crains une disgrâce,
Et je dois l'avertir de tout ce qui se passe.

ACTE II

SCÈNE PREMIÈRE

ORGON, MARIANE

ORGON

Mariane.

MARIANE

Mon père.

ORGON

Approchez, j'ai de quoi
Vous parler en secret.

MARIANE

Que cherchez-vous ?

ORGON, *il regarde dans un petit cabinet.*

Je vois
Si quelqu'un n'est point là qui pourrait nous
[entendre ;
430 Car ce petit endroit est propre pour surprendre.

Or sus, nous voilà bien. J'ai, Mariane, en vous
Reconnu de tout temps un esprit assez doux,
Et de tout temps aussi vous m'avez été chère.

MARIANE

Je suis fort redevable à cet amour de père.

ORGON

435 C'est fort bien dit, ma fille ; et pour le mériter,
Vous devez n'avoir soin que de me contenter.

MARIANE

C'est où je mets aussi ma gloire la plus haute.

ORGON

Fort bien. Que dites-vous de Tartuffe notre hôte ?

MARIANE

Qui, moi ?

ORGON

Vous. Voyez bien comme vous répondrez.

MARIANE

440 Hélas ! j'en dirai, moi, tout ce que vous voudrez.

ORGON

C'est parler sagement. Dites-moi donc, ma fille,

Qu'en toute sa personne un haut mérite brille,
Qu'il touche votre cœur, et qu'il vous serait doux
De le voir par mon choix devenir votre époux.
Eh ?

Mariane se recule avec surprise.

MARIANE

Eh ?

ORGON

Qu'est-ce ?

MARIANE

Plaît-il ?

ORGON

Quoi ?

MARIANE

445　　　　　　　　　　　　Me suis-je
　　　　　　　　　　　　　　[méprise ?

ORGON

Comment ?

MARIANE

　　　　Qui voulez-vous, mon père, que je dise
Qui me touche le cœur, et qu'il me serait doux
De voir par votre choix devenir mon époux ?

ORGON

Tartuffe.

MARIANE

Il n'en est rien, mon père, je vous jure.
450   Pourquoi me faire dire une telle imposture ?

ORGON

Mais je veux que cela soit une vérité ;
Et c'est assez pour vous que je l'aie arrêté.

MARIANE

Quoi ? vous voulez, mon père ?...

ORGON

Oui, je prétends,
[ma fille,
Unir par votre hymen Tartuffe à ma famille.
455   Il sera votre époux, j'ai résolu cela ;
Et comme sur vos vœux je...

SCÈNE II

DORINE, ORGON, MARIANE

ORGON

Que faites-vous là ?
La curiosité qui vous presse est bien forte,
Mamie, à nous venir écouter de la sorte.

DORINE

Vraiment, je ne sais pas si c'est un bruit qui part
460 De quelque conjecture, ou d'un coup de hasard
Mais de ce mariage on m'a dit la nouvelle,
Et j'ai traité cela de pure bagatelle.

ORGON

Quoi donc ? la chose est-elle incroyable ?

DORINE

                              [A tel point,
Que vous-même, Monsieur, je ne vous en crois
                              [point.

ORGON

465 Je sais bien le moyen de vous le faire croire.

DORINE

Oui, oui, vous nous contez une plaisante histoire.

ORGON

Je conte justement ce qu'on verra dans peu.

DORINE

Chansons !

ORGON

        Ce que je dis, ma fille, n'est point jeu.

DORINE

Allez, ne croyez point à Monsieur votre père :
Il raille.

ORGON

Je vous dis...

DORINE

470   Non, vous avez beau faire,
On ne vous croira point.

ORGON

               A la fin mon courroux...

DORINE

Hé bien ! on vous croit donc, et c'est tant pis pour
                       [vous.
Quoi ? se peut-il, Monsieur, qu'avec l'air d'homme
                       [sage
Et cette large barbe au milieu du visage,
Vous soyez assez fou pour vouloir ?...

ORGON

475   Écoutez :
Vous avez pris céans certaines privautés
Qui ne me plaisent point ; je vous le dis, mamie.

DORINE

Parlons sans nous fâcher, Monsieur, je vous
                       [supplie.
Vous moquez-vous des gens d'avoir fait ce
                       [complot ?
480 Votre fille n'est point l'affaire d'un bigot :
Il a d'autres emplois auxquels il faut qu'il pense.

Et puis, que vous apporte une telle alliance ?
A quel sujet aller, avec tout votre bien,
Choisir un gendre gueux ?...

ORGON

                          Taisez-vous. S'il n'a
                                   [rien,
485 Sachez que c'est par là qu'il faut qu'on le révère.
Sa misère est sans doute une honnête misère ;
Au-dessus des grandeurs elle doit l'élever,
Puisque enfin de son bien il s'est laissé priver
Par son trop peu de soin des choses temporelles,
490 Et sa puissante attache aux choses éternelles.
Mais mon secours pourra lui donner les moyens
De sortir d'embarras et rentrer dans ses biens :
Ce sont fiefs qu'à bon titre au pays on renomme ;
Et tel que l'on le voit, il est bien gentilhomme.

DORINE

495 Oui, c'est lui qui le dit ; et cette vanité,
Monsieur, ne sied pas bien avec la piété.
Qui d'une sainte vie embrasse l'innocence
Ne doit point tant prôner son nom et sa naissance,
Et l'humble procédé de la dévotion
500 Souffre mal les éclats de cette ambition.
A quoi bon cet orgueil ?... Mais ce discours vous
                                   [blesse :
Parlons de sa personne, et laissons sa noblesse.
Ferez-vous possesseur, sans quelque peu d'ennui,
D'une fille comme elle un homme comme lui ?
505 Et ne devez-vous pas songer aux bienséances,
Et de cette union prévoir les conséquences ?
Sachez que d'une fille on risque la vertu,
Lorsque dans son hymen son goût est combattu,
Que le dessein d'y vivre en honnête personne

510 Dépend des qualités du mari qu'on lui donne,
Et que ceux dont partout on montre au doigt le
[front
Font leurs femmes souvent ce qu'on voit qu'elles
[sont.
Il est bien difficile enfin d'être fidèle
A de certains maris faits d'un certain modèle ;
515 Et qui donne à sa fille un homme qu'elle hait
Est responsable au Ciel des fautes qu'elle fait.
Songez à quels périls votre dessein vous livre.

ORGON

Je vous dis qu'il me faut apprendre d'elle à vivre.

DORINE

Vous n'en feriez que mieux de suivre mes leçons.

ORGON

520 Ne nous amusons point, ma fille, à ces chansons :
Je sais ce qu'il vous faut, et je suis votre père.
J'avais donné pour vous ma parole à Valère ;
Mais outre qu'à jouer on dit qu'il est enclin,
Je le soupçonne encor d'être un peu libertin :
525 Je ne remarque point qu'il hante les églises.

DORINE

Voulez-vous qu'il y coure à vos heures précises,
Comme ceux qui n'y vont que pour être aperçus ?

ORGON

Je ne demande pas votre avis là-dessus.
Enfin avec le Ciel l'autre est le mieux du monde,

530 Et c'est une richesse à nulle autre seconde.
Cet hymen de tous biens comblera vos désirs,
Il sera tout confit en douceurs et plaisirs.
Ensemble vous vivrez, dans vos ardeurs fidèles,
Comme deux vrais enfants, comme deux
                                    [tourterelles ;
535 A nul fâcheux débat jamais vous n'en viendrez,
Et vous ferez de lui tout ce que vous voudrez.

DORINE

Elle ? elle n'en fera qu'un sot, je vous assure.

ORGON

Ouais ! quels discours !

DORINE

                    Je dis qu'il en a l'encolure,
Et que son ascendant, Monsieur, l'emportera
540 Sur toute la vertu que votre fille aura.

ORGON

Cessez de m'interrompre, et songez à vous taire,
Sans mettre votre nez où vous n'avez que faire.

DORINE

Je n'en parle, Monsieur, que pour votre intérêt.

Elle l'interrompt toujours au moment qu'il se retourne pour parler à sa fille.

ORGON

C'est prendre trop de soin : taisez-vous, s'il vous
                                    [plaît.

DORINE

Si l'on ne vous aimait...

ORGON

545   Je ne veux pas qu'on
                                    [m'aime.

DORINE

Et je veux vous aimer, Monsieur, malgré
                                    [vous-même.

ORGON

Ah !

DORINE

     Votre honneur m'est cher, et je ne puis souffrir
Qu'aux brocards d'un chacun vous alliez vous
                                    [offrir.

ORGON

Vous ne vous tairez point ?

DORINE

                          C'est une conscience
550 Que de vous laisser faire une telle alliance.

ORGON

Te tairas-tu, serpent, dont les traits effrontés... ?

DORINE

Ah ! vous êtes dévot, et vous vous emportez ?

ORGON

Oui, ma bile s'échauffe à toutes ces fadaises,
Et tout résolument je veux que tu te taises.

DORINE

555 Soit. Mais, ne disant mot, je n'en pense pas moins.

ORGON

Pense, si tu le veux ; mais applique tes soins
A ne m'en point parler, ou... Suffit.

Se retournant vers sa fille.

Comme sage,
J'ai pesé mûrement toutes choses.

DORINE

J'enrage.
De ne pouvoir parler.

Elle se tait lorsqu'il tourne la tête.

ORGON

Sans être damoiseau,
Tartuffe est fait de sorte...

DORINE

560 Oui, c'est un beau museau.

ORGON

Que quand tu n'aurais même aucune sympathie

Pour tous les autres dons...

> *Il se tourne devant elle, et la regarde les bras croisés.*

DORINE

                    La voilà bien lotie !
Si j'étais en sa place, un homme assurément
Ne m'épouserait pas de force impunément ;
565 Et je lui ferais voir bientôt après la fête
Qu'une femme a toujours une vengeance prête.

ORGON

Donc de ce que je dis on ne fera nul cas ?

DORINE

De quoi vous plaignez-vous ? Je ne vous parle pas.

ORGON

Qu'est-ce que tu fais donc ?

DORINE

                    Je me parle à
                              [moi-même.

ORGON

570 Fort bien. Pour châtier son insolence extrême,
Il faut que je lui donne un revers de ma main.

> *Il se met en posture de lui donner un soufflet ; et
> Dorine, à chaque coup d'œil qu'il jette, se tient droite
> sans parler.*

Ma fille, vous devez approuver mon dessein...
Croire que le mari... que j'ai su vous élire...
Que ne te parles-tu ?

DORINE

Je n'ai rien à me dire.

ORGON

Encore un petit mot.

DORINE

575   Il ne me plaît pas, moi.

ORGON

Certes, je t'y guettais.

DORINE

Quelque sotte, ma foi !

ORGON

Enfin, ma fille, il faut payer d'obéissance,
Et montrer pour mon choix entière déférence.

DORINE, *en s'enfuyant*.

Je me moquerais fort de prendre un tel époux.

Il lui veut donner un soufflet et la manque.

ORGON

580   Vous avez là, ma fille, une peste avec vous,
Avec qui sans péché je ne saurais plus vivre.

Je me sens hors d'état maintenant de poursuivre :
Ses discours insolents m'ont mis l'esprit en feu,
Et je vais prendre l'air pour me rasseoir un peu.

SCÈNE III

DORINE, MARIANE

DORINE

585 Avez-vous donc perdu, dites-moi, la parole,
Et faut-il qu'en ceci je fasse votre rôle ?
Souffrir qu'on vous propose un projet insensé,
Sans que du moindre mot vous l'ayez repoussé !

MARIANE

Contre un père absolu que veux-tu que je fasse ?

DORINE

590 Ce qu'il faut pour parer une telle menace.

MARIANE

Quoi ?

DORINE

Lui dire qu'un cœur n'aime point par autrui,
Que vous vous mariez pour vous, non pas pour lui,
Qu'étant celle pour qui se fait toute l'affaire,
C'est à vous, non à lui, que le mari doit plaire,
595 Et que si son Tartuffe est pour lui si charmant,
Il le peut épouser sans nul empêchement.

MARIANE

Un père, je l'avoue, a sur nous tant d'empire,
Que je n'ai jamais eu la force de rien dire.

DORINE

Mais raisonnons. Valère a fait pour vous des pas ;
600 L'aimez-vous, je vous prie, ou ne l'aimez-vous pas ?

MARIANE

Ah ! qu'envers mon amour ton injustice est grande,
Dorine ! me dois-tu faire cette demande ?
T'ai-je pas là-dessus ouvert cent fois mon cœur,
Et sais-tu pas pour lui jusqu'où va mon ardeur ?

DORINE

605 Que sais-je si le cœur a parlé par la bouche,
Et si c'est tout de bon que cet amant vous touche ?

MARIANE

Tu me fais un grand tort, Dorine, d'en douter,
Et mes vrais sentiments ont su trop éclater.

DORINE

Enfin, vous l'aimez donc ?

MARIANE

Oui, d'une ardeur
                    [extrême.

DORINE

610 Et sclon l'apparence, il vous aime de même ?

MARIANE

Je le crois.

DORINE

Et tous deux brûlez également
De vous voir mariés ensemble ?

MARIANE

Assurément.

DORINE

Sur cette autre union quelle est donc votre attente ?

MARIANE

De me donner la mort si l'on me violente.

DORINE

615 Fort bien : c'est un recours où je ne songeais pas ;
Vous n'avez qu'à mourir pour sortir d'embarras ;
Le remède sans doute est merveilleux. J'enrage
Lorsque j'entends tenir ces sortes de langage.

MARIANE

Mon Dieu ! de quelle humeur, Dorine, tu te rends !
620 Tu ne compatis point aux déplaisirs des gens.

DORINE

Je ne compatis point à qui dit des sornettes
Et dans l'occasion mollit comme vous faites.

MARIANE

Mais que veux-tu ? si j'ai de la timidité.

DORINE

Mais l'amour dans un cœur veut de la fermeté.

MARIANE

625 Mais n'en gardé-je pas pour les feux de Valère ?
Et n'est-ce pas à lui de m'obtenir d'un père ?

DORINE

Mais quoi ? si votre père est un bourru fieffé,
Qui s'est de son Tartuffe entièrement coiffé
Et manque à l'union qu'il avait arrêtée,
630 La faute à votre amant doit-elle être imputée ?

MARIANE

Mais par un haut refus et d'éclatants mépris
Ferai-je dans mon choix voir un cœur trop épris ?
Sortirai-je pour lui, quelque éclat dont il brille,
De la pudeur du sexe et du devoir de fille ?
635 Et veux-tu que mes feux par le monde étalés... ?

DORINE

Non, non, je ne veux rien. Je vois que vous voulez
Être à Monsieur Tartuffe ; et j'aurais, quand j'y
                                        [pense,
Tort de vous détourner d'une telle alliance.

Quelle raison aurais-je à combattre vos vœux ?
640 Le parti de soi-même est fort avantageux.
Monsieur Tartuffe ! oh ! oh ! n'est-ce rien qu'on
                              [propose ?
Certes Monsieur Tartuffe, à bien prendre la chose,
N'est pas un homme, non, qui se mouche du pied,
Et ce n'est pas peu d'heur que d'être sa moitié.
645 Tout le monde déjà de gloire le couronne ;
Il est noble chez lui, bien fait de sa personne ;
Il a l'oreille rouge et le teint bien fleuri :
Vous vivrez trop contente avec un tel mari.

MARIANE

Mon Dieu !...

DORINE

                    Quelle allégresse aurez-vous dans votre
                                        [âme,
650 Quand d'un époux si beau vous vous verrez la
                                        [femme !

MARIANE

Ha ! cesse, je te prie, un semblable discours,
Et contre cet hymen ouvre-moi du secours,
C'en est fait, je me rends, et suis prête à tout faire.

DORINE

Non, il faut qu'une fille obéisse à son père,
655 Voulût-il lui donner un singe pour époux.
Votre sort est fort beau : de quoi vous plaignez-
                                        [vous ?
Vous irez par le coche en sa petite ville,
Qu'en oncles et cousins vous trouverez fertile,

Et vous vous plairez fort à les entretenir.
660 D'abord chez le beau monde on vous fera venir ;
Vous irez visiter, pour votre bienvenue,
Madame la baillive et Madame l'élue,
Qui d'un siège pliant vous feront honorer.
Là, dans le carnaval, vous pourrez espérer
665 Le bal et la grand'bande, à savoir, deux musettes,
Et parfois Fagotin et les marionnettes,
Si pourtant votre époux...

MARIANE

                Ah ! tu me fais mourir.
De tes conseils plutôt songe à me secourir.

DORINE

Je suis votre servante.

MARIANE

                Eh ! Dorine, de grâce...

DORINE

670 Il faut, pour vous punir, que cette affaire passe.

MARIANE

Ma pauvre fille !

DORINE

        Non.

MARIANE

                Si mes vœux déclarés...

DORINE

Point : Tartuffe est votre homme, et vous en tâterez.

MARIANE

Tu sais qu'à toi toujours je me suis confiée :
Fais-moi...

DORINE

Non, vous serez, ma foi ! tartuffiée.

MARIANE

675 Hé bien ! puisque mon sort ne saurait t'émouvoir,
Laisse-moi désormais toute à mon désespoir :
C'est de lui que mon cœur empruntera de l'aide,
Et je sais de mes maux l'infaillible remède.

Elle veut s'en aller.

DORINE

Hé ! là, là, revenez. Je quitte mon courroux.
680 Il faut, nonobstant tout, avoir pitié de vous.

MARIANE

Vois-tu, si l'on m'expose à ce cruel martyre,
Je te le dis, Dorine, il faudra que j'expire.

DORINE

Ne vous tourmentez point. On peut adroitement
Empêcher... Mais voici Valère, votre amant.

SCÈNE IV

VALÈRE, MARIANE, DORINE

VALÈRE

685 On vient de débiter, Madame, une nouvelle
Que je ne savais pas, et qui sans doute est belle.

MARIANE

Quoi ?

VALÈRE

Que vous épousez Tartuffe.

MARIANE

                              Il est certain
Que mon père s'est mis en tête ce dessein.

VALÈRE

Votre père, Madame...

MARIANE

                              A changé de visée :
690 La chose vient par lui de m'être proposée.

VALÈRE

Quoi ? sérieusement ?

MARIANE

                              Oui, sérieusement.
Il s'est pour cet hymen déclaré hautement.

VALÈRE

Et quel est le dessein où votre âme s'arrête,
Madame ?

MARIANE

Je ne sais.

VALÈRE

La réponse est honnête.
Vous ne savez ?

MARIANE

Non.

VALÈRE

Non ?

MARIANE

695   Que me conseillez-vous ?

VALÈRE

Je vous conseille, moi, de prendre cet époux.

MARIANE

Vous me le conseillez ?

VALÈRE

Oui.

MARIANE

Tout de bon ?

VALÈRE

Sans
[doute :
Le choix est glorieux, et vaut bien qu'on l'écoute.

MARIANE

Hé bien ! c'est un conseil, Monsieur, que je reçois.

VALÈRE

700 Vous n'aurez pas grand-peine à le suivre, je crois.

MARIANE

Pas plus qu'à le donner en a souffert votre âme.

VALÈRE

Moi, je vous l'ai donné pour vous plaire, Madame.

MARIANE

Et moi, je le suivrai pour vous faire plaisir.

DORINE

Voyons ce qui pourra de ceci réussir.

VALÈRE

705 C'est donc ainsi qu'on aime ? Et c'était tromperie
Quand vous...

MARIANE

        Ne parlons point de cela, je vous prie.
Vous m'avez dit tout franc que je dois accepter
Celui que pour époux on me veut présenter :
Et je déclare, moi, que je prétends le faire,
710 Puisque vous m'en donnez le conseil salutaire.

VALÈRE

Ne vous excusez point sur mes intentions.
Vous aviez pris déjà vos résolutions ;
Et vous vous saisissez d'un prétexte frivole
Pour vous autoriser à manquer de parole.

MARIANE

Il est vrai, c'est bien dit.

VALÈRE

715   Sans doute ; et votre cœur
N'a jamais eu pour moi de véritable ardeur.

MARIANE

Hélas ! permis à vous d'avoir cette pensée.

VALÈRE

Oui, oui, permis à moi ; mais mon âme offensée
Vous préviendra peut-être en un pareil dessein ;
720 Et je sais où porter et mes vœux et ma main.

MARIANE

Ah ! je n'en doute point ; et les ardeurs qu'excite
Le mérite...

VALÈRE

            Mon Dieu, laissons là le mérite :
J'en ai fort peu sans doute, et vous en faites foi.
Mais j'espère aux bontés qu'une autre aura pour
                                            [moi,

725 Et j'en sais de qui l'âme, à ma retraite ouverte,
Consentira sans honte à réparer ma perte.

MARIANE

La perte n'est pas grande ; et de ce changement
Vous vous consolerez assez facilement.

VALÈRE

J'y ferai mon possible, et vous le pouvez croire.
730 Un cœur qui nous oublie engage notre gloire ;
Il faut à l'oublier mettre aussi tous nos soins :
Si l'on n'en vient à bout, on le doit feindre au
                                        [moins ;
Et cette lâcheté jamais ne se pardonne,
De montrer de l'amour pour qui nous abandonne.

MARIANE

735 Ce sentiment, sans doute, est noble et relevé.

VALÈRE

Fort bien ; et d'un chacun il doit être approuvé.
Hé quoi ? vous voudriez qu'à jamais dans mon âme
Je gardasse pour vous les ardeurs de ma flamme,
Et vous visse, à mes yeux, passer en d'autres bras,
740 Sans mettre ailleurs un cœur dont vous ne voulez
                                        [pas ?

MARIANE

Au contraire : pour moi, c'est ce que je souhaite ;
Et je voudrais déjà que la chose fût faite.

VALÈRE

Vous le voudriez ?

MARIANE

Oui.

VALÈRE

C'est assez m'insulter,
Madame ; et de ce pas je vais vous contenter.

Il fait un pas pour s'en aller et revient toujours.

MARIANE

Fort bien.

VALÈRE

745   Souvenez-vous au moins que c'est
[vous-même
Qui contraignez mon cœur à cet effort extrême.

MARIANE

Oui.

VALÈRE

Et que le dessein que mon âme conçoit
N'est rien qu'à votre exemple.

MARIANE

A mon exemple, soit.

VALÈRE

Suffit : vous allez être à point nommé servie.

MARIANE

Tant mieux.

VALÈRE

750   Vous me voyez, c'est pour toute ma vie.

MARIANE

A la bonne heure.

VALÈRE, *il s'en va, lorsqu'il est*
vers la porte, il se retourne.

Euh ?

MARIANE

Quoi ?

VALÈRE

Ne m'appelez-vous
[pas ?

MARIANE

Moi ? Vous rêvez.

VALÈRE

Hé bien ! je poursuis donc mes
[pas.
Adieu, Madame.

MARIANE

Adieu, Monsieur.

DORINE

Pour moi, je pense
Que vous perdez l'esprit par cette extravagance :

755 Et je vous ai laissé tout du long quereller,
Pour voir où tout cela pourrait enfin aller.
Holà ! seigneur Valère.

> *Elle va l'arrêter par le bras, et lui fait mine de grande résistance.*

VALÈRE

Hé ! que veux-tu, Dorine ?

DORINE

Venez ici.

VALÈRE

Non, non, le dépit me domine.
Ne me détourne point de ce qu'elle a voulu.

DORINE

Arrêtez.

VALÈRE

760 Non, vois-tu ? c'est un point résolu.

DORINE

Ah !

MARIANE

Il souffre à me voir, ma présence le chasse,
Et je ferai bien mieux de lui quitter la place.

DORINE, *elle quitte Valère et court à Mariane.*

A l'autre. Où courez-vous ?

MARIANE

Laisse.

DORINE

Il faut revenir.

MARIANE

Non, non, Dorine ; en vain tu veux me retenir.

VALÈRE

765 Je vois bien que ma vue est pour elle un supplice,
Et sans doute il vaut mieux que je l'en affranchisse.

DORINE, *elle quitte Mariane et court à Valère.*

Encor ? Diantre soit fait de vous si je le veux !
Cessez ce badinage, et venez çà tous deux.

Elle les tire l'un et l'autre.

VALÈRE

Mais quel est ton dessein ?

MARIANE

Qu'est-ce que tu veux
[faire ?

DORINE

770 Vous bien remettre ensemble, et vous tirer d'affaire.
Êtes-vous fou d'avoir un pareil démêlé ?

VALÈRE

N'as-tu pas entendu comme elle m'a parlé ?

DORINE

Êtes-vous folle, vous, de vous être emportée ?

MARIANE

N'as-tu pas vu la chose, et comme il m'a traitée ?

DORINE

775 Sottise des deux parts. Elle n'a d'autre soin
Que de se conserver à vous, j'en suis témoin.
Il n'aime que vous seule, et n'a point d'autre envie
Que d'être votre époux ; j'en réponds sur ma vie.

MARIANE

Pourquoi donc me donner un semblable conseil ?

VALÈRE

780 Pourquoi m'en demander sur un sujet pareil ?

DORINE

Vous êtes fous tous deux. Çà, la main l'un et l'autre.
Allons, vous.

VALÈRE, *en donnant sa main à Dorine.*

A quoi bon ma main ?

DORINE

Ah ! çà, la vôtre.

MARIANE, *en donnant aussi sa main.*

De quoi sert tout cela ?

DORINE

Mon Dieu ! vite, avancez.
Vous vous aimez tous deux plus que vous ne
[pensez.

VALÈRE

785 Mais ne faites donc point les choses avec peine,
Et regardez un peu les gens sans nulle haine.

Mariane tourne l'œil sur Valère et fait un petit sourire.

DORINE

A vous dire le vrai, les amants sont bien fous !

VALÈRE

Ho çà, n'ai-je pas lieu de me plaindre de vous ?
Et pour n'en point mentir, n'êtes-vous pas
[méchante
790 De vous plaire à me dire une chose affligeante ?

MARIANE

Mais vous, n'êtes-vous pas l'homme le plus
[ingrat... ?

DORINE

Pour une autre saison laissons tout ce débat,
Et songeons à parer ce fâcheux mariage.

MARIANE

Dis-nous donc quels ressorts il faut mettre en
[usage.

DORINE

795 Nous en ferons agir de toutes les façons.
Votre père se moque, et ce sont des chansons ;
Mais pour vous, il vaut mieux qu'à son
                                        [extravagance
D'un doux consentement vous prêtiez l'apparence,
Afin qu'en cas d'alarme il vous soit plus aisé
800 De tirer en longueur cet hymen proposé.
En attrapant du temps, à tout on remédie.
Tantôt vous payerez de quelque maladie,
Qui viendra tout à coup et voudra des délais ;
Tantôt vous payerez de présages mauvais :
805 Vous aurez fait d'un mort la rencontre fâcheuse,
Cassé quelque miroir, ou songé d'eau bourbeuse.
Enfin le bon de tout, c'est qu'à d'autres qu'à lui
On ne vous peut lier, que vous ne disiez « oui ».
Mais pour mieux réussir, il est bon, ce me semble,
810 Qu'on ne vous trouve point tous deux parlant
                                        [ensemble.

A Valère.

Sortez, et sans tarder employez vos amis,
Pour vous faire tenir ce qu'on vous a promis.
Nous allons réveiller les efforts de son frère,
Et dans notre parti jeter la belle-mère.
Adieu.

VALÈRE, *à Mariane.*

815   Quelques efforts que nous préparions tous,
Ma plus grande espérance, à vrai dire, est en vous.

MARIANE, *à Valère.*

Je ne vous réponds pas des volontés d'un père ;
Mais je ne serai point à d'autre qu'à Valère.

VALÈRE

Que vous me comblez d'aise ! Et quoi que puisse
[oser...

DORINE

820 Ah ! jamais les amants ne sont las de jaser.
Sortez, vous dis-je.

VALÈRE, *il fait un pas et revient.*

DORINE

Quel caquet est le vôtre !

Les poussant chacun par l'épaule.

Tirez de cette part ; et vous, tirez de l'autre.

ACTE III

SCÈNE PREMIÈRE

DAMIS, DORINE

DAMIS

Que la foudre sur l'heure achève mes destins,
Qu'on me traite partout du plus grand des faquins
S'il est aucun respect ni pouvoir qui m'arrête,
Et si je ne fais pas quelque coup de ma tête !

DORINE

De grâce, modérez un tel emportement :
Votre père n'a fait qu'en parler simplement.
On n'exécute pas tout ce qui se propose,
Et le chemin est long du projet à la chose.

DAMIS

Il faut que de ce fat j'arrête les complots,
Et qu'à l'oreille un peu je lui dise deux mots.

DORINE

Ha ! tout doux ! Envers lui, comme envers votre
[père

Laissez agir les soins de votre belle-mère.
Sur l'esprit de Tartuffe elle a quelque crédit ;
835 Il se rend complaisant à tout ce qu'elle dit,
Et pourrait bien avoir douceur de cœur pour elle.
Plût à Dieu qu'il fût vrai ! la chose serait belle.
Enfin votre intérêt l'oblige à le mander ;
Sur l'hymen qui vous trouble elle veut le sonder,
840 Savoir ses sentiments, et lui faire connaître
Quels fâcheux démêlés il pourra faire naître,
S'il faut qu'à ce dessein il prête quelque espoir.
Son valet dit qu'il prie, et je n'ai pu le voir ;
Mais ce valet m'a dit qu'il s'en allait descendre.
845 Sortez donc, je vous prie, et me laissez l'attendre.

DAMIS

Je puis être présent à tout cet entretien.

DORINE

Point. Il faut qu'ils soient seuls.

DAMIS

                         Je ne lui dirai rien.

DORINE

Vous vous moquez : on sait vos transports
                              [ordinaires,
850 Et c'est le vrai moyen de gâter les affaires.
Sortez.

DAMIS

Non : je veux voir, sans me mettre en
                              [courroux.

DORINE

Que vous êtes fâcheux ! Il vient. Retirez-vous.

SCÈNE II

TARTUFFE, LAURENT, DORINE

TARTUFFE, *apercevant Dorine.*

Laurent, serrez ma haire avec ma discipline,
Et priez que toujours le Ciel vous illumine.
855 Si l'on vient pour me voir, je vais aux prisonniers
Des aumônes que j'ai partager les deniers.

DORINE

Que d'affection, et de forfanterie !

TARTUFFE

Que voulez-vous ?

DORINE

Vous dire...

TARTUFFE, *il tire un mouchoir de sa poche.*

Ah ! mon Dieu, je vous
[prie,
Avant que de parler prenez-moi ce mouchoir.

DORINE

Comment ?

TARTUFFE

860 Couvrez ce sein que je ne saurais voir :

Par de pareils objets les âmes sont blessées,
Et cela fait venir de coupables pensées.

DORINE

Vous êtes donc bien tendre à la tentation.
Et la chair sur vos sens fait grande impression ?
865 Certes je ne sais pas quelle chaleur vous monte :
Mais à convoiter, moi, je ne suis point si prompte,
Et je vous verrais nu du haut jusques en bas,
Que toute votre peau ne me tenterait pas.

TARTUFFE

Mettez dans vos discours un peu de modestie,
870 Ou je vais sur-le-champ vous quitter la partie.

DORINE

Non, non, c'est moi qui vais vous laisser en repos,
Et je n'ai seulement qu'à vous dire deux mots.
Madame va venir dans cette salle basse,
Et d'un mot d'entretien vous demande la grâce.

TARTUFFE

Hélas ! très volontiers.

DORINE, *en soi-même.*

875   Comme il se radoucit !
Ma foi, je suis toujours pour ce que j'en ai dit.

TARTUFFE

Viendra-t-elle bientôt ?

DORINE

Je l'entends, ce me semble.
Oui, c'est elle en personne, et je vous laisse
[ensemble.

SCÈNE III

ELMIRE, TARTUFFE

TARTUFFE

Que le Ciel à jamais par sa toute bonté
880 Et de l'âme et du corps vous donne la santé,
Et bénisse vos jours autant que le désire
Le plus humble de ceux que son amour inspire.

ELMIRE

Je suis fort obligée à ce souhait pieux.
Mais prenons une chaise, afin d'être un peu mieux.

TARTUFFE

885 Comment de votre mal vous sentez-vous remise ?

ELMIRE

Fort bien ; et cette fièvre a bientôt quitté prise.

TARTUFFE

Mes prières n'ont pas le mérite qu'il faut
Pour avoir attiré cette grâce d'en haut ;

Mais je n'ai fait au Ciel nulle dévote instance
890 Qui n'ait eu pour objet votre convalescence.

ELMIRE

Votre zèle pour moi s'est trop inquiété.

TARTUFFE

On ne peut trop chérir votre chère santé,
Et pour la rétablir j'aurais donné la mienne.

ELMIRE

C'est pousser bien avant la charité chrétienne,
895 Et je vous dois beaucoup pour toutes ces bontés.

TARTUFFE

Je fais bien moins pour vous que vous ne méritez.

ELMIRE

J'ai voulu vous parler en secret d'une affaire,
Et suis bien aise ici qu'aucun ne nous éclaire.

TARTUFFE

J'en suis ravi de même, et sans doute il m'est doux,
900 Madame, de me voir seul à seul avec vous :
C'est une occasion qu'au Ciel j'ai demandée,
Sans que jusqu'à cette heure il me l'ait accordée.

ELMIRE

Pour moi, ce que je veux, c'est un mot d'entretien,
Où tout votre cœur s'ouvre et ne me cache rien.

TARTUFFE

905 Et je ne veux aussi pour grâce singulière
Que montrer à vos yeux mon âme tout entière,
Et vous faire serment que les bruits que j'ai faits
Des visites qu'ici reçoivent vos attraits
Ne sont pas envers vous l'effet d'aucune haine,
910 Mais plutôt d'un transport de zèle qui m'entraîne,
Et d'un pur mouvement...

ELMIRE

Je le prends bien aussi,
Et crois que mon salut vous donne ce souci.

TARTUFFE, *il lui serre le bout des doigts*.

Oui, Madame, sans doute, et ma ferveur est telle...

ELMIRE

Ouf ! vous me serrez trop.

TARTUFFE

C'est par excès de zèle.
915 De vous faire aucun mal je n'eus jamais dessein,
Et j'aurais bien plutôt...

Il lui met la main sur le genou.

ELMIRE

Que fait là votre main ?

TARTUFFE

Je tâte votre habit : l'étoffe en est moelleuse.

ELMIRE

Ah ! de grâce, laissez, je suis fort chatouilleuse.

> *Elle recule sa chaise, et Tartuffe rapproche la sienne.*

TARTUFFE

Mon Dieu ! que de ce point l'ouvrage est
[merveilleux !
920 On travaille aujourd'hui d'un air miraculeux ;
Jamais, en toute chose, on n'a vu si bien faire.

ELMIRE

Il est vrai. Mais parlons un peu de notre affaire.
On tient que mon mari veut dégager sa foi,
Et vous donner sa fille. Est-il vrai, dites-moi ?

TARTUFFE

925 Il m'en a dit deux mots ; mais, Madame, à vrai dire,
Ce n'est pas le bonheur après quoi je soupire ;
Et je vois autre part les merveilleux attraits
De la félicité qui fait tous mes souhaits.

ELMIRE

C'est que vous n'aimez rien des choses de la terre.

TARTUFFE

930 Mon sein n'enferme pas un cœur qui soit de pierre.

ELMIRE

Pour moi, je crois qu'au Ciel tendent tous vos
[soupirs,
Et que rien ici-bas n'arrête vos désirs.

TARTUFFE

L'amour qui nous attache aux beautés éternelles
N'étouffe pas en nous l'amour des temporelles ;
935 Nos sens facilement peuvent être charmés
Des ouvrages parfaits que le Ciel a formés.
Ses attraits réfléchis brillent dans vos pareilles ;
Mais il étale en vous ses plus rares merveilles :
Il a sur votre face épanché des beautés
940 Dont les yeux sont surpris, et les cœurs transportés,
Et je n'ai pu vous voir, parfaite créature,
Sans admirer en vous l'auteur de la nature,
Et d'une ardente amour sentir mon cœur atteint,
Au plus beau des portraits où lui-même il s'est
                                        [peint.
945 D'abord j'appréhendai que cette ardeur secrète
Ne fût du noir esprit une surprise adroite ;
Et même à fuir vos yeux mon cœur se résolut,
Vous croyant un obstacle à faire mon salut.
Mais enfin je connus, ô beauté toute aimable,
950 Que cette passion peut n'être point coupable,
Que je puis l'ajuster avecque la pudeur,
Et c'est ce qui m'y fait abandonner mon cœur.
Ce m'est, je le confesse, une audace bien grande
Que d'oser de ce cœur vous adresser l'offrande ;
955 Mais j'attends en mes vœux tout de votre bonté,
Et rien des vains efforts de mon infirmité ;
En vous est mon espoir, mon bien, ma quiétude,
De vous dépend ma peine ou ma béatitude,
Et je vais être enfin, par votre seul arrêt,
960 Heureux, si vous voulez, malheureux, s'il vous plaît.

ELMIRE

La déclaration est tout à fait galante,
Mais elle est, à vrai dire, un peu bien surprenante.
Vous deviez, ce me semble, armer mieux votre sein,

Et raisonner un peu sur un pareil dessein.
965 Un dévot comme vous, et que partout on nomme...

TARTUFFE

Ah ! pour être dévot, je n'en suis pas moins
                                     [homme ;
Et lorsqu'on vient à voir vos célestes appas,
Un cœur se laisse prendre, et ne raisonne pas.
Je sais qu'un tel discours de moi paraît étrange ;
970 Mais, Madame, après tout, je ne suis pas un ange ;
Et si vous condamnez l'aveu que je vous fais,
Vous devez vous en prendre à vos charmants
                                       [attraits.
Dès que j'en vis briller la splendeur plus
                                     [qu'humaine,
De mon intérieur vous fûtes souveraine ;
975 De vos regards divins l'ineffable douceur
Força la résistance où s'obstinait mon cœur ;
Elle surmonta tout, jeûnes, prières, larmes,
Et tourna tous mes vœux du côté de vos charmes.
Mes yeux et mes soupirs vous l'ont dit mille fois,
980 Et pour mieux m'expliquer j'emploie ici la voix.
Que si vous contemplez d'une âme un peu bénigne
Les tribulations de votre esclave indigne,
S'il faut que vos bontés veuillent me consoler
Et jusqu'à mon néant daignent se ravaler,
985 J'aurai toujours pour vous, ô suave merveille,
Une dévotion à nulle autre pareille.
Votre honneur avec moi ne court point de hasard,
Et n'a nulle disgrâce à craindre de ma part.
Tous ces galants de cour, dont les femmes sont
                                     [folles,
990 Sont bruyants dans leurs faits et vains dans leurs
                                     [paroles,
De leurs progrès sans cesse on les voit se targuer ;
Ils n'ont point de faveurs qu'ils n'aillent divulguer,

Et leur langue indiscrète, en qui l'on se confie,
Déshonore l'autel où leur cœur sacrifie.
995 Mais les gens comme nous brûlent d'un feu discret,
Avec qui pour toujours on est sûr du secret :
Le soin que nous prenons de notre renommée
Répond de toute chose à la personne aimée,
Et c'est en nous qu'on trouve, acceptant notre
[cœur,
1000 De l'amour sans scandale et du plaisir sans peur.

ELMIRE

Je vous écoute dire, et votre rhétorique
En termes assez forts à mon âme s'explique.
N'appréhendez-vous point que je ne sois d'humeur
A dire à mon mari cette galante ardeur,
1005 Et que le prompt avis d'un amour de la sorte
Ne pût bien altérer l'amitié qu'il vous porte ?

TARTUFFE

Je sais que vous avez trop de bénignité,
Et que vous ferez grâce à ma témérité,
Que vous m'excuserez sur l'humaine faiblesse
1010 Des violents transports d'un amour qui vous blesse,
Et considérerez, en regardant votre air,
Que l'on n'est pas aveugle, et qu'un homme est de
[chair.

ELMIRE

D'autres prendraient cela d'autre façon peut-être ;
Mais ma discrétion se veut faire paraître.
1015 Je ne redirai point l'affaire à mon époux ;
Mais je veux en revanche une chose de vous :
C'est de presser tout franc et sans nulle chicane
L'union de Valère avecque Mariane,

De renoncer vous-même à l'injuste pouvoir
1020 Qui veut du bien d'un autre enrichir votre espoir,
Et...

SCÈNE IV

DAMIS, ELMIRE, TARTUFFE

DAMIS, *sortant du petit cabinet*
où il s'était retiré.

Non, madame, non : ceci doit se répandre.
J'étais en cet endroit, d'où j'ai pu tout entendre ;
Et la bonté du Ciel m'y semble avoir conduit
Pour confondre l'orgueil d'un traître qui me nuit,
1025 Pour m'ouvrir une voie à prendre la vengeance
De son hypocrisie et de son insolence,
A détromper mon père, et lui mettre en plein jour
L'âme d'un scélérat qui vous parle d'amour.

ELMIRE

Non, Damis : il suffit qu'il se rende plus sage,
1030 Et tâche à mériter la grâce où je m'engage.
Puisque je l'ai promis, ne m'en dédites pas.
Ce n'est point mon humeur de faire des éclats :
Une femme se rit de sottises pareilles,
Et jamais d'un mari n'en trouble les oreilles.

DAMIS

1035 Vous avez vos raisons pour en user ainsi,
Et pour faire autrement j'ai les miennes aussi.
Le vouloir épargner est une raillerie ;

Et l'insolent orgueil de sa cagoterie
N'a triomphé que trop de mon juste courroux,
1040 Et que trop excité de désordre chez nous.
Le fourbe trop longtemps a gouverné mon père,
Et desservi mes feux avec ceux de Valère.
Il faut que du perfide il soit désabusé,
Et le Ciel pour cela m'offre un moyen aisé.
1045 De cette occasion je lui suis redevable,
Et pour la négliger, elle est trop favorable :
Ce serait mériter qu'il me la vînt ravir
Que de l'avoir en main et ne m'en pas servir.

                        ELMIRE

Damis...

                        DAMIS

        Non, s'il vous plaît, il faut que je me croie.
1050 Mon âme est maintenant au comble de sa joie ;
Et vos discours en vain prétendent m'obliger
A quitter le plaisir de me pouvoir venger.
Sans aller plus avant, je vais vuider d'affaire ;
Et voici justement de quoi me satisfaire.

                    SCÈNE V

            ORGON, DAMIS, TARTUFFE, ELMIRE

                        DAMIS

1055 Nous allons régaler, mon père, votre abord
D'un incident tout frais qui vous surprendra fort.
Vous êtes bien payé de toutes vos caresses,
Et Monsieur d'un beau prix reconnaît vos
                            [tendresses.

Son grand zèle pour vous vient de se déclarer :
1060 Il ne va pas à moins qu'à vous déshonorer ;
Et je l'ai surpris là qui faisait à Madame
L'Injurieux aveu d'une coupable flamme.
Elle est d'une humeur douce, et son cœur trop
[discret
Voulait à toute force en garder le secret ;
1065 Mais je ne puis flatter une telle impudence,
Et crois que vous la taire est vous faire une offense.

ELMIRE

Oui, je tiens que jamais de tous ces vains propos
On ne doit d'un mari traverser le repos,
Que ce n'est point de là que l'honneur peut
[dépendre,
1070 Et qu'il suffit pour nous savoir nous défendre :
Ce sont mes sentiments ; et vous n'auriez rien dit,
Damis, si j'avais eu sur vous quelque crédit.

SCÈNE VI

ORGON, DAMIS, TARTUFFE

ORGON

Ce que je viens d'entendre, ô Ciel ! est-il croyable ?

TARTUFFE

Oui, mon frère, je suis un méchant, un coupable,
1075 Un malheureux pécheur, tout plein d'iniquité,
Le plus grand scélérat qui jamais ait été ;
Chaque instant de ma vie est chargé de souillures ;

Elle n'est qu'un amas de crimes et d'ordures ;
Et je vois que le Ciel, pour ma punition,
1080 Me veut mortifier en cette occasion.
De quelque grand forfait qu'on me puisse
                                        [reprendre,
Je n'ai garde d'avoir l'orgueil de m'en défendre.
Croyez ce qu'on vous dit, armez votre courroux,
Et comme un criminel chassez-moi de chez vous :
1085 Je ne saurais avoir tant de honte en partage,
Que je n'en aie encor mérité davantage.

ORGON, *à son fils.*

Ah ! traître, oses-tu bien par cette fausseté
Vouloir de sa vertu tenir la pureté ?

DAMIS

Quoi ? la feinte douceur de cette âme hypocrite
Vous fera démentir... ?

ORGON

1090   Tais-toi, peste maudite.

TARTUFFE

Ah ! laissez-le parler : vous l'accusez à tort,
Et vous ferez bien mieux de croire à son rapport.
Pourquoi sur un tel fait m'être si favorable ?
Savez-vous, après tout, de quoi je suis capable ?
1095 Vous fiez-vous, mon frère, à mon extérieur ?
Et, pour tout ce qu'on voit, me croyez-vous
                                        [meilleur ?
Non, non : vous vous laissez tromper à l'apparence,
Et je ne suis rien moins, hélas ! que ce qu'on
                                        [pense ;
Tout le monde me prend pour un homme de bien ;

1100 Mais la vérité pure est que je ne vaux rien.

S'adressant à Damis.

Oui, mon cher fils, parlez ; traitez-moi de perfide,
D'infâme, de perdu, de voleur, d'homicide ;
Accablez-moi de noms encor plus détestés :
Je n'y contredis point, je les ai mérités ;
1105 Et j'en veux à genoux souffrir l'ignominie,
Comme une honte due aux crimes de ma vie.

ORGON, *à Tartuffe.*

Mon frère, c'en est trop.

A son fils.

Ton cœur ne se rend point,
Traître ?

DAMIS

Quoi ? ses discours vous séduiront au
[point...

ORGON

Tais-toi, pendard. *(A Tartuffe.)* Mon frère, eh !
[levez-vous, de grâce !

A son fils.

Infâme !

DAMIS

Il peut...

ORGON

Tais-toi.

DAMIS

1110   J'enrage ! Quoi ? je passe...

ORGON

Si tu dis un seul mot, je te romprai les bras.

TARTUFFE

Mon frère, au nom de Dieu, ne vous emportez pas.
J'aimerais mieux souffrir la peine la plus dure
Qu'il eût reçu pour moi la moindre égratignure.

ORGON, *à son fils.*

Ingrat !

TARTUFFE

1115   Laissez-le en paix. S'il faut, à deux genoux,
Vous demander sa grâce...

ORGON, *à Tartuffe.*

Hélas ! vous moquez-
[vous ?

A son fils.

Coquin ! vois sa bonté.

DAMIS

Donc...

ORGON

Paix.

DAMIS

Quoi ? je...

ORGON

Paix,
[dis-je.

Je sais bien quel motif à l'attaquer t'oblige :

Vous le haïssez tous ; et je vois aujourd'hui
1120 Femme, enfants et valets déchaînés contre lui ;
On met impudemment toute chose en usage,
Pour ôter de chez moi ce dévot personnage.
Mais plus on fait d'effort afin de l'en bannir,
Plus j'en veux employer à l'y mieux retenir ;
1125 Et je vais me hâter de lui donner ma fille,
Pour confondre l'orgueil de toute ma famille...

DAMIS

A recevoir sa main on pense l'obliger ?

ORGON

Oui, traître, et dès ce soir, pour vous faire enrager.
Ah ! je vous brave tous, et vous ferai connaître
1130 Qu'il faut qu'on m'obéisse et que je suis le maître.
Allons, qu'on se rétracte, et qu'à l'instant, fripon,
On se jette à ses pieds pour demander pardon.

DAMIS

Qui, moi ? de ce coquin, qui, par ses impostures...

ORGON

Ah ! tu résistes, gueux, et lui dis des injures ?
1135 Un bâton ! un bâton ! *(A Tartuffe.)* Ne me retenez
[pas.

A son fils.

Sus, que de ma maison on sorte de ce pas,
Et que d'y revenir on n'ait jamais l'audace.

DAMIS

Oui, je sortirai ; mais...

ORGON

Vite, quittons la place.
Je te prive, pendard, de ma succession.
1140 Et te donne de plus ma malédiction.

SCÈNE VII

ORGON, TARTUFFE

ORGON

Offenser de la sorte une sainte personne !

TARTUFFE

Ô Ciel, pardonne-lui la douleur qu'il me donne !

A Orgon.

Si vous pouviez savoir avec quel déplaisir
Je vois qu'envers mon frère on tâche à me noircir...

ORGON

Hélas !

TARTUFFE

1145 Le seul penser de cette ingratitude
Fait souffrir à mon âme un supplice si rude...
L'horreur que j'en conçois... J'ai le cœur si serré,
Que je ne puis parler, et crois que j'en mourrai.

ORGON, *il court tout en larmes à la porte*
par où il a chassé son fils.

Coquin ! je me repens que ma main t'ait fait grâce,

1150 Et ne t'ait pas d'abord assommé sur la place.
Remettez-vous, mon frère, et ne vous fâchez pas.

TARTUFFE

Rompons, rompons le cours de ces fâcheux débats.
Je regarde céans quels grands troubles j'apporte,
Et crois qu'il est besoin, mon frère, que j'en sorte.

ORGON

Comment ? vous moquez-vous ?

TARTUFFE

1155   On m'y hait, et je
                                            [vois
Qu'on cherche à vous donner des soupçons de ma
                                            [foi.

ORGON

Qu'importe ? Voyez-vous que mon cœur les écoute ?

TARTUFFE

On ne manquera pas de poursuivre, sans doute ;
Et ces mêmes rapports qu'ici vous rejetez
1160 Peut-être une autre fois seront-ils écoutés.

ORGON

Non, mon frère, jamais.

TARTUFFE

                    Ah ! mon frère, une femme
Aisément d'un mari peut bien surprendre l'âme.

ORGON

Non, non.

TARTUFFE

Laissez-moi vite, en m'éloignant d'ici,
Leur ôter tout sujet de m'attaquer ainsi.

ORGON

1165 Non, vous demeurerez : il y va de ma vie.

TARTUFFE

Hé bien ! il faudra donc que je me mortifie.
Pourtant, si vous vouliez...

ORGON

Ah !

TARTUFFE

Soit : n'en parlons
[plus
Mais je sais comme il faut en user là-dessus.
L'honneur est délicat, et l'amitié m'engage
1170 A prévenir les bruits et les sujets d'ombrage.
Je fuirai votre épouse, et vous ne me verrez...

ORGON

Non, en dépit de tous, vous la fréquenterez.
Faire enrager le monde est ma plus grande joie.
Et je veux qu'à toute heure avec elle on vous voie.

1175 Ce n'est pas tout encor : pour les mieux braver tous,
Je ne veux point avoir d'autre héritier que vous.
Et je vais de ce pas, en fort bonne manièrc,
Vous faire de mon bien donation entière.
Un bon et franc ami, que pour gendre je prends,
1180 M'est bien plus cher que fils, que femme, et que
                                            [parents.
N'accepterez-vous pas ce que je vous propose ?

TARTUFFE

La volonté du Ciel soit faite en toute chose.

ORGON

Le pauvre homme ! Allons vite en dresser un écrit.
Et que puisse l'envie en crever de dépit !

ACTE IV

SCÈNE PREMIÈRE

CLÉANTE, TARTUFFE

CLÉANTE

1185 Oui, tout le monde en parle, et vous m'en pouvez
[croire,
L'éclat que fait ce bruit n'est point à votre gloire ;
Et je vous ai trouvé, Monsieur, fort à propos,
Pour vous en dire net ma pensée en deux mots.
Je n'examine point à fond ce qu'on expose ;
1190 Je passe là-dessus, et prends au pis la chose.
Supposons que Damis n'en ait pas bien usé,
Et que ce soit à tort qu'on vous ait accusé :
N'est-il pas d'un chrétien de pardonner l'offense,
Et d'éteindre en son cœur tout désir de vengeance ?
1195 Et devez-vous souffrir, pour votre démêlé,
Que du logis d'un père un fils soit exilé ?
Je vous le dis encor, et parle avec franchise,
Il n'est petit ni grand qui ne s'en scandalise ;
Et si vous m'en croyez, vous pacifierez tout,
1200 Et ne pousserez point les affaires à bout.
Sacrifiez à Dieu toute votre colère,
Et remettez le fils en grâce avec le père.

TARTUFFE

Hélas, je le voudrais, quant à moi, de bon cœur :

Je ne garde pour lui, Monsieur, aucune aigreur ;
1205 Je lui pardonne tout, de rien je ne le blâme,
Et voudrais le servir du meilleur de mon âme ;
Mais l'intérêt du Ciel n'y saurait consentir,
Et s'il rentre céans, c'est à moi d'en sortir.
Après son action, qui n'eut jamais d'égale,
1210 Le commerce entre nous porterait du scandale.
Dieu sait ce que d'abord tout le monde en croirait !
A pure politique on me l'imputerait ;
Et l'on dirait partout que, me sentant coupable,
Je feins pour qui m'accuse un zèle charitable,
1215 Que mon cœur l'appréhende et veut le ménager,
Pour le pouvoir sous main au silence engager.

CLÉANTE

Vous nous payez ici d'excuses colorées,
Et toutes vos raisons, Monsieur, sont trop tirées.
Des intérêts du Ciel pourquoi vous chargez-vous ?
1220 Pour punir le coupable a-t-il besoin de nous ?
Laissez-lui, laissez-lui le soin de ses vengeances :
Ne songez qu'an pardon qu'il prescrit des offenses ;
Et ne regardez point aux jugements humains,
Quand vous suivez du Ciel les ordres souverains.
1225 Quoi ? le faible intérêt de ce qu'on pourra croire
D'une bonne action empêchera la gloire ?
Non, non : faisons toujours ce que le Ciel prescrit,
Et d'aucun autre soin ne nous brouillons l'esprit.

TARTUFFE

Je vous ai déjà dit que mon cœur lui pardonne,
1230 Et c'est faire, Monsieur, et que le Ciel ordonne ;
Mais après le scandale et l'affront d'aujourd'hui,
Le Ciel n'ordonne pas que je vive avec lui.

CLÉANTE

Et vous ordonne-t-il, Monsieur, d'ouvrir l'oreille

A ce qu'un pur caprice à son père conseille,
1235 Et d'accepter le don qui vous est fait d'un bien
Où le droit vous oblige à ne prétendre rien ?

TARTUFFE

Ceux qui me connaîtront n'auront pas la pensée
Que ce soit un effet d'une âme intéressée.
Tous les chiens de ce monde ont pour moi peu
[d'appas,
1240 De leur éclat trompeur je ne m'éblouis pas ;
Et si je me résous à recevoir du père
Cette donation qu'il a voulu me faire,
Ce n'est, à dire vrai, que parce que je crains
Que tout ce bien me tombe en de méchantes
[mains,
1245 Qu'il ne trouve des gens qui, l'ayant en partage,
En fassent dans le monde un criminel usage,
Et ne s'en servent pas, ainsi que j'ai dessein,
Pour la gloire du Ciel et le bien du prochain.

CLÉANTE

Hé, Monsieur, n'ayez point ces délicates craintes,
1250 Qui d'un juste héritier peuvent causer les plaintes ;
Souffrez, sans vous vouloir embarrasser de rien,
Qu'il soit à ses périls possesseur de son bien ;
Et songez qu'il vaut mieux encore qu'il en mésuse,
Que si de l'en frustrer il faut qu'on vous accuse.
1255 J'admire seulement que sans confusion
Vous en ayez souffert la proposition ;
Car enfin le vrai zèle a-t-il quelque maxime
Qui montre à dépouiller l'héritier légitime ?
Et s'il faut que le Ciel dans votre cœur ait mis
1260 Un invincible obstacle à vivre avec Damis,
Ne vaudrait-il pas mieux qu'en personne discrète
Vous fissiez de céans une honnête retraite,

Que de souffrir ainsi, contre toute raison,
Qu'on en chasse pour vous le fils de la maison ?
1265 Croyez-moi, c'est donner de votre prud'homie,
Monsieur...

TARTUFFE

Il est, Monsieur, trois heures et demie :
Certain devoir pieux me demande là-haut,
Et vous m'excuserez de vous quitter si tôt.

CLÉANTE

Ah !

SCÈNE II

ELMIRE, MARIANE, DORINE, CLÉANTE

DORINE

De grâce, avec nous employez-vous pour elle,
1270 Monsieur : son âme souffre une douleur mortelle ;
Et l'accord que son père a conclu pour ce soir
Le fait, à tous moments, entrer en désespoir.
Il va venir. Joignons nos efforts, je vous prie,
Et tâchons d'ébranler, de force ou d'industrie,
1275 Ce malheureux dessein qui nous a tous troublés.

SCÈNE III

ORGON, ELMIRE, MARIANE,
CLÉANTE, DORINE

ORGON

Ha ! je me réjouis de vous voir assemblés :

A Mariane.

Je porte en ce contrat de quoi vous faire rire,
Et vous savez déjà ce que cela veut dire.

MARIANE, *à genoux.*

Mon père, au nom du Ciel, qui connaît ma douleur,
1280 Et par tout ce qui peut émouvoir votre cœur,
Relâchez-vous un peu des droits de la naissance,
Et dispensez mes vœux de cette obéissance ;
Ne me réduisez point par cette dure loi
Jusqu'à me plaindre au Ciel de ce que je vous dois,
1285 Et cette vie, hélas ! que vous m'avez donnée,
Ne me la rendez pas, mon père, infortunée.
Si, contre un doux espoir que j'avais pu former,
Vous me défendez d'être à ce que j'ose aimer,
Au moins, par vos bontés, qu'à vos genoux
                                   [j'implore,
1290 Sauvez-moi du tourment d'être à ce que j'abhorre,
Et ne me portez point à quelque désespoir,
En vous servant sur moi de tout votre pouvoir.

ORGON, *se sentant attendrir.*

Allons, ferme, mon cœur, point de faiblesse
                                   [humaine.

MARIANE

Vos tendresses pour lui ne me font point de peine ;
1295 Faites-les éclater, donnez-lui votre bien,
Et, si ce n'est assez, joignez-y tout le mien :
J'y consens de bon cœur, et je vous l'abandonne ;
Mais au moins n'allez pas jusques à ma personne,
Et souffrez qu'un couvent dans les austérités
1300 Use les tristes jours que le Ciel m'a comptés.

ORGON

Ah ! voilà justement de mes religieuses,

Lorsqu'un père combat leurs flammes amoureuses !
Debout ! Plus votre cœur répugne à l'accepter,
Plus ce sera pour vous matière à mériter :
1305 Mortifiez vos sens avec ce mariage,
Et ne me rompez pas la tête davantage.

DORINE

Mais quoi... ?

ORGON

        Taisez-vous, vous ; parlez à votre écot.
Je vous défends tout net d'oser dire un seul mot.

CLÉANTE

Si par quelque conseil vous souffrez qu'on
                                [réponde...

ORGON

1310 Mon frère, vos conseils sont les meilleurs du
                                [monde,
Ils sont bien raisonnés, et j'en fais un grand cas ;
Mais vous trouverez bon que je n'en use pas.

ELMIRE, *à son mari*.

A voir ce que je vois, je ne sais plus que dire,
Et votre aveuglement fait que je vous admire :
1315 C'est être bien coiffé, bien prévenu de lui,
Que de nous démentir sur le fait d'aujourd'hui.

ORGON

Je suis votre valet, et crois les apparences.

Pour mon fripon de fils je sais vos complaisances
Et vous avez eu peur de le désavouer
1320 Du trait qu'à ce pauvre homme il a voulu jouer ;
Vous étiez trop tranquille enfin pour être crue
Et vous auriez paru d'autre manière émue.

ELMIRE

Est-ce qu'au simple aveu d'un amoureux transport
Il faut que notre honneur se gendarme si fort ?
1325 Et ne peut-on répondre à tout ce qui le touche
Que le feu dans les yeux et l'injure à la bouche ?
Pour moi, de tels propos je me ris simplement,
Et l'éclat là-dessus ne me plaît nullement ;
J'aime qu'avec douceur nous nous montrions sages,
1330 Et ne suis point du tout pour ces prudes sauvages
Dont l'honneur est armé de griffes et de dents,
Et veut au moindre mot dévisager les gens :
Me préserve le Ciel d'une telle sagesse !
Je veux une vertu qui ne soit point diablesse,
1335 Et crois que d'un refus la discrète froideur
N'en est pas moins puissante à rebuter un cœur.

ORGON

Enfin je sais l'affaire et ne prends point le change.

ELMIRE

J'admire, encore un coup, cette faiblesse étrange.
Mais que me répondrait votre incrédulité
1340 Si je vous faisais voir qu'on vous dit vérité ?

ORGON

Voir ?

ELMIRE

Oui.

ORGON

Chansons.

ELMIRE

Mais quoi ? si je trouvais
[manière
De vous le faire voir avec pleine lumière ?

ORGON

Contes en l'air.

ELMIRE

Quel homme ! Au moins répondez-
[moi.
Je ne vous parle pas de nous ajouter foi ;
1345 Mais supposons ici que, d'un lieu qu'on peut
[prendre,
On vous fît clairement tout voir et tout entendre,
Que diriez-vous alors de votre homme de bien ?

ORGON

En ce cas, je dirais que... Je ne dirais rien,
Car cela ne se peut.

ELMIRE

L'erreur trop longtemps dure,
1350 Et c'est trop condamner ma bouche d'imposture.
Il faut que par plaisir, et sans aller plus loin,
De tout ce qu'on vous dit je vous fasse témoin.

ORGON

Soit : je vous prends au mot. Nous verrons votre
                                    [adresse,
Et comment vous pourrez remplir cette promesse.

ELMIRE

Faites-le-moi venir.

DORINE

1355   Son esprit est rusé,
Et peut-être à surprendre il sera malaisé.

ELMIRE

Non ; on est aisément dupé par ce qu'on aime.
Et l'amour-propre engage à se tromper soi-même.
Faites-le-moi descendre.

Parlant à Cléante et à Mariane.

Et vous, retirez-vous.

SCÈNE IV

ELMIRE, ORGON

ELMIRE

1360 Approchons cette table, et vous mettez dessous.

ORGON

Comment ?

ELMIRE

Vous bien cacher est un point
[nécessaire.

ORGON

Pourquoi sous cette table ?

ELMIRE

Ah, mon Dieu ! laissez
[faire :
J'ai mon dessein en tête, et vous en jugerez.
Mettez-vous là, vous dis-je ; et quand vous y serez,
1365 Gardez qu'on ne vous voie et qu'on ne vous entende.

ORGON

Je confesse qu'ici ma complaisance est grande ;
Mais de votre entreprise il vous faut voir sortir.

ELMIRE

Vous n'aurez, que je crois, rien à me repartir.

A son mari qui est sous la table.

Au moins, je vais toucher une étrange matière :
1370 Ne vous scandalisez en aucune manière.
Quoi qui je puisse dire, il doit m'être permis.
Et c'est pour vous convaincre, ainsi que j'ai promis.
Je vais par des douceurs, puisque j'y suis réduite,

Faire poser le masque à cette âme hypocrite,
1375 Flatter de son amour les désirs effrontés,
Et donner un champ libre à ses témérités.
Comme c'est pour vous seul, et pour mieux le
                                    [confondre,
Que mon âme à ses vœux va feindre de répondre,
J'aurai lieu de cesser dès que vous vous rendrez,
1380 Et les choses n'iront que jusqu'où vous voudrez.
C'est à vous d'arrêter son ardeur insensée,
Quand vous croirez l'affaire assez avant poussée,
D'épargner votre femme, et de ne m'exposer
Qu'à ce qu'il vous faudra pour vous désabuser :
1385 Ce sont vos intérêts ; vous en serez le maître,
Et... L'on vient. Tenez-vous, et gardez de paraître.

SCÈNE V

TARTUFFE, ELMIRE, ORGON

TARTUFFE

On m'a dit qu'en ce lieu vous me vouliez parler.

ELMIRE

Oui. L'on a des secrets à vous y révéler.
Mais tirez cette porte avant qu'on vous les dise,
1390 Et regardez partout de crainte de surprise.
Une affaire pareille à celle de tantôt
N'est pas assurément ici ce qu'il nous faut.
Jamais il ne s'est vu de surprise de même ;
Damis m'a fait pour vous une frayeur extrême,
1395 Et vous avez bien vu que j'ai fait mes efforts
Pour rompre son dessein et calmer ses transports.
Mon trouble, il est bien vrai, m'a si fort possédée,
Que de le démentir je n'ai point eu l'idée ;

Mais par-là, grâce au Ciel, tout a bien mieux été,
1400 Et les choses en sont dans plus de sûreté.
L'estime où l'on vous tient a dissipé l'orage,
Et mon mari de vous ne peut prendre d'ombrage,
Pour mieux braver l'éclat des mauvais jugements,
Il veut que nous soyons ensemble à tous moments ;
1405 Et c'est par où je puis, sans peur d'être blâmée,
Me trouver ici seule avec vous enfermée,
Et ce qui m'autorise à vous ouvrir un cœur
Un peu trop prompt peut-être à souffrir votre
                                            [ardeur.

TARTUFFE

Ce langage à comprendre est assez difficile,
1410 Madame, et vous parliez tantôt d'un autre style.

ELMIRE

Ah ! si d'un tel refus vous êtes en courroux,
Que le cœur d'une femme est mal connu de vous !
Et que vous savez peu ce qu'il veut faire entendre
Lorsque si faiblement on le voit se défendre !
1415 Toujours notre pudeur combat dans ces moments
Ce qu'on peut nous donner de tendres sentiments.
Quelque raison qu'on trouve à l'amour qui nous
                                            [dompte,
On trouve à l'avouer toujours un peu de honte ;
On s'en défend d'abord ; mais de l'air qu'on s'y prend,
1420 On fait connaître assez que notre cœur se rend,
Qu'à nos vœux par honneur notre bouche s'oppose,
Et que de tels refus promettent toute chose.
C'est vous faire sans doute un assez libre aveu,
Et sur notre pudeur me ménager bien peu ;
1425 Mais puisque la parole enfin en est lâchée,
A retenir Damis me serais-je attachée,
Aurais-je, je vous prie, avec tant de douceur

Écouté tout au long l'offre de votre cœur,
Aurais-je pris la chose ainsi qu'on m'a vu faire,
1430 Si l'offre de ce cœur n'eût eu de quoi me plaire ?
Et lorsque j'ai voulu moi-même vous forcer
A refuser l'hymen qu'on venait d'annoncer,
Qu'est-ce que cette instance a dû vous faire entendre,
Que l'intérêt qu'en vous on s'avise de prendre,
1435 Et l'ennui qu'on aurait que ce nœud qu'on résout
Vînt partager du moins un cœur que l'on veut tout ?

TARTUFFE

C'est sans doute, Madame, une douceur extrême
Que d'entendre ces mots d'une bouche qu'on aime :
Leur miel dans tous mes sens fait couler à longs
[traits
1440 Une suavité qu'on ne goûta jamais.
Le bonheur de vous plaire est ma suprême étude,
Et mon cœur de vos vœux fait sa béatitude ;
Mais ce cœur vous demande ici la liberté
D'oser douter un peu de sa félicité.
1445 Je puis croire ces mots un artifice honnête
Pour m'obliger à rompre un hymen qui s'apprête ;
Et s'il faut librement m'expliquer avec vous,
Je ne me fierai point à des propos si doux,
Qu'un peu de vos faveurs, après quoi je soupire,
1450 Ne vienne m'assurer tout ce qu'ils m'ont pu dire,
Et planter dans mon âme une constante foi
Des charmantes bontés que vous avez pour moi.

ELMIRE, *elle tousse pour avertir son mari.*

Quoi ? vous voulez aller avec cette vitesse,
Et d'un cœur tout d'abord épuiser la tendresse ?
1455 On se tue à vous faire un aveu des plus doux ;
Cependant ce n'est pas encore assez pour vous,

Et l'on ne peut aller jusqu'à vous satisfaire,
Qu'aux dernières faveurs on ne pousse l'affaire ?

TARTUFFE

Moins on mérite un bien, moins on l'ose espérer.
1460 Nos vœux sur des discours ont peine à s'assurer.
On soupçonne aisément un sort tout plein de
[gloire,
Et l'on veut en jouir avant que de le croire.
Pour moi, qui crois si peu mériter vos bontés,
Je doute du bonheur de mes témérités ;
1465 Et je ne croirai rien, que vous n'ayez, Madame,
Par des réalités su convaincre ma flamme.

ELMIRE

Mon Dieu, que votre amour en vrai tyran agit,
Et qu'en un trouble étrange il me jette l'esprit !
Que sur les cœurs il prend un furieux empire,
1470 Et qu'avec violence il veut ce qu'il désire !
Quoi ? de votre poursuite on ne peut se parer,
Et vous ne donnez pas le temps de respirer ?
Sied-il bien de tenir une rigueur si grande.
De vouloir sans quartier les choses qu'on demande,
1475 Et d'abuser ainsi par vos efforts pressants
Du faible que pour vous vous voyez qu'ont les
[gens ?

TARTUFFE

Mais si d'un œil bénin vous voyez mes hommages,
Pourquoi m'en refuser d'assurés témoignages ?

ELMIRE

Mais comment consentir à ce que vous voulez,
1480 Sans offenser le Ciel, dont toujours vous parlez ?

TARTUFFE

Si ce n'est pas le Ciel qu'à mes vœux on oppose,
Lever un tel obstacle est à moi peu de chose,
Et cela ne doit pas retenir votre cœur.

ELMIRE

Mais des arrêts du Ciel on nous fait tant de peur !

TARTUFFE

1485 Je puis vous dissiper ces craintes ridicules,
Madame, et je sais l'art de lever les scrupules.
Le Ciel défend, de vrai, certains contentements ;

      C'est un scélérat qui parle.

Mais on trouve avec lui des accommodements ;
Selon divers besoins, il est une science
1490 D'étendre les liens de notre conscience
Et de rectifier le mal de l'action
Avec la pureté de notre intention.
De ces secrets, Madame, on saura vous instruire ;
Vous n'avez seulement qu'à vous laisser conduire.
1495 Contentez mon désir, et n'ayez point d'effroi :
Je vous réponds de tout, et prends le mal sur moi.
Vous toussez fort, Madame.

ELMIRE

      Oui, je suis au supplice.

TARTUFFE

Vous plaît-il un morceau de ce jus de réglisse ?

ELMIRE

C'est un rhume obstiné, sans doute ; et je vois bien
1500 Que tous les jus du monde ici ne feront rien.

TARTUFFE

Cela certes est fâcheux.

ELMIRE

                        Oui, plus qu'on ne peut dire.

TARTUFFE

Enfin votre scrupule est facile à détruire :
Vous êtes assurée ici d'un plein secret,
Et le mal n'est jamais que dans l'éclat qu'on fait ;
1505 Le scandale du monde est ce qui fait l'offense,
Et ce n'est pas pécher que pécher en silence.

ELMIRE, *après avoir encore toussé.*

Enfin, je vois qu'il faut se résoudre à céder,
Qu'il faut que je consente à vous tout accorder,
Et qu'à moins de cela je ne dois point prétendre
1510 Qu'on puisse être content, et qu'on veuille se
                                              [rendre.
Sans doute il est fâcheux d'en venir jusque-là,
Et c'est bien malgré moi que je franchis cela ;
Mais puisque l'on s'obstine à m'y vouloir réduire,
Puisqu'on ne veut point croire à tout ce qu'on peut
                                              [dire,
1515 Et qu'on veut des témoins qui soient plus
                                              [convaincants,
Il faut bien s'y résoudre, et contenter les gens.
Si ce consentement porte en soi quelque offense,
Tant pis pour qui me force à cette violence ;
La faute assurément n'en doit pas être à moi.

TARTUFFE

1520 Oui, Madame, on s'en charge ; et la chose de soi...

ELMIRE

Ouvrez un peu la porte, et voyez, je vous prie,
Si mon mari n'est point dans cette galerie.

TARTUFFE

Qu'est-il besoin pour lui du soin que vous prenez ?
C'est un homme, entre nous, à mener par le nez ;
1525 De tous nos entretiens il est pour faire gloire,
Et je l'ai mis au point de voir tout sans rien croire.

ELMIRE

Il n'importe : sortez, je vous prie, un moment,
Et partout là dehors voyez exactement.

SCÈNE VI

ORGON, ELMIRE

ORGON, *sortant de dessous la table.*

Voilà, je vous l'avoue, un abominable homme !
1530 Je n'en puis revenir, et tout ceci m'assomme

ELMIRE

Quoi ? vous sortez si tôt ? vous vous moquez des
[gens.
Rentrez sous le tapis, il n'est pas encor temps ;
Attendez jusqu'au bout pour voir les choses sûres,
Et ne vous fiez point aux simples conjectures.

ORGON

1535 Non, rien de plus méchant n'est sorti de l'enfer.

ELMIRE

Mon Dieu ! l'on ne doit point croire trop de léger.
Laissez-vous bien convaincre avant que de vous
                                        [rendre,
Et ne vous hâtez point, de peur de vous méprendre.

Elle fait mettre son mari derrière elle.

SCÈNE VII

TARTUFFE, ELMIRE, ORGON

TARTUFFE

Tout conspire, Madame, à mon contentement :
1540 J'ai visité de l'œil tout cet appartement ;
Personne ne s'y trouve, et mon âme ravie...

ORGON, *en l'arrêtant.*

Tout doux ! vous suivez trop votre amoureuse
                                        [envie,
Et vous ne devez pas vous tant passionner.
Ah ! ah ! l'homme de bien, vous m'en voulez
                                        [donner !
1545 Comme aux tentations s'abandonne votre âme !
Vous épousiez ma fille, et convoitiez ma femme !
J'ai douté fort longtemps que ce fût tout de bon,
Et je croyais toujours qu'on changerait de ton ;
Mais c'est assez avant pousser le témoignage :
1550 Je m'y tiens, et n'en veux, pour moi, pas davantage.

ELMIRE, *à Tartuffe.*

C'est contre mon humeur que j'ai fait tout ceci :
Mais on m'a mise au point de vous traiter ainsi.

TARTUFFE

Quoi ? vous croyez... ?

ORGON

Allons, point de bruit, je vous
[prie
Dénichons de céans, et sans cérémonie.

TARTUFFE

Mon dessein...

ORGON

1555   Ces discours ne sont plus de saison :
Il faut, tout sur-le-champ, sortir de la maison.

TARTUFFE

C'est à vous d'en sortir, vous qui parlez en maître :
La maison m'appartient, je le ferai connaître,
Et vous montrerai bien qu'en vain on a recours,
1560 Pour me chercher querelle, à ces lâches détours,
Qu'on n'est pas où l'on pense en me faisant injure,
Que j'ai de quoi confondre et punir l'imposture,
Venger le Ciel qu'on blesse, et faire repentir
Ceux qui parlent ici de me faire sortir.

SCÈNE VIII

ELMIRE, ORGON

ELMIRE

1565 Quel est donc ce langage ? et qu'est-ce qu'il veut
[dire ?

ORGON

Ma foi, je suis confus, et n'ai pas lieu de rire.

ELMIRE

Comment ?

ORGON

Je vois ma faute aux choses qu'il me dit,
Et la donation m'embarrasse l'esprit.

ELMIRE

La donation...

ORGON

Oui, c'est une affaire faite
1570 Mais j'ai quelque autre chose encor qui m'inquiète.

ELMIRE

Et quoi ?

ORGON

Vous saurez tout. Mais voyons au plus tôt
Si certaine cassette est encore là-haut.

ACTE V

SCÈNE PREMIÈRE

ORGON, CLÉANTE

CLÉANTE

Où voulez-vous courir ?

ORGON

Las ! que sais-je ?

CLÉANTE

Il me
[semble
Que l'on doit commencer par consulter ensemble
1575 Les choses qu'on peut faire en cet événement.

ORGON

Cette cassette-là me trouble entièrement ;
Plus que le reste encor elle me désespère.

CLÉANTE

Cette cassette est donc un important mystère ?

ORGON

C'est un dépôt qu'Argas, cet ami que je plains.
1580 Lui-même, en grand secret, m'a mis entre les
                                        [mains :
Pour cela, dans sa fuite, il me voulut élire ;
Et ce sont des papiers, à ce qu'il m'a pu dire,
Où sa vie et ses biens se trouvent attachés.

CLÉANTE

Pourquoi donc les avoir en d'autres mains lâchés ?

ORGON

1585 Ce fut par un motif de cas de conscience :
J'allai droit à mon traître en faire confidence ;
Et son raisonnement me vint persuader
De lui donner plutôt la cassette à garder,
Afin que, pour nier, en cas de quelque enquête,
1590 J'eusse d'un faux-fuyant la faveur toute prête.
Par où ma conscience eût pleine sûreté
A faire des serments contre la vérité.

CLÉANTE

Vous voilà mal, au moins si j'en crois l'apparence ;
Et la donation, et cette confidence,
1595 Sont, à vous en parler selon mon sentiment,
Des démarches par vous faites légèrement.
On peut vous mener loin avec de pareils gages ;
Et cet homme sur vous ayant ces avantages,
Le pousser est encor grande imprudence à vous,
1600 Et vous deviez chercher quelque biais plus doux.

ORGON

Quoi ? sous un beau semblant de ferveur si
                                        [touchante

Cacher un cœur si double, une âme si méchante !
Et moi qui l'ai reçu gueusant et n'ayant rien...
C'en est fait, je renonce à tous les gens de bien :
1605 J'en aurai désormais une horreur effroyable,
Et m'en vais devenir pour eux pire qu'un diable.

CLÉANTE

Hé bien ! ne voilà pas de vos emportements !
Vous ne gardez en rien les doux tempéraments ;
Dans la droite raison jamais n'entre la vôtre.
1610 Et toujours d'un excès vous vous jetez dans l'autre.
Vous voyez notre erreur, et vous avez connu
Que par un zèle feint vous étiez prévenu ;
Mais pour vous corriger, quelle raison demande
Que vous alliez passer dans une erreur plus grande.
1615 Et qu'avecque le cœur d'un perfide vaurien
Vous confondiez les cœurs de tous les gens de bien ?
Quoi ? parce qu'un fripon vous dupe avec audace
Sous le pompeux éclat d'une austère grimace,
Vous voulez que partout on soit fait comme lui,
1620 Et qu'aucun vrai dévot ne se trouve aujourd'hui ?
Laissez aux libertins ces sottes conséquences ;
Démêlez la vertu d'avec ses apparences,
Ne hasardez jamais votre estime trop tôt,
Et soyez pour cela dans le milieu qu'il faut :
1625 Gardez-vous, s'il se peut, d'honorer l'imposture,
Mais au vrai zèle aussi n'allez pas faire injure ;
Et s'il vous faut tomber dans une extrémité,
Péchez plutôt encor de cet autre côté.

SCÈNE II

DAMIS, ORGON, CLÉANTE

DAMIS

Quoi ? mon père, est-il vrai qu'un coquin vous
                           [menace ?

1630 Qu'il n'est point de bienfait qu'en son âme il
                                              [n'efface,
Et que son lâche orgueil, trop digne de courroux,
Se fait de vos bontés des armes contre vous ?

ORGON

Oui, mon fils, et j'en sens des douleurs nonpareilles.

DAMIS

Laissez-moi, je lui veux couper les deux oreilles :
1635 Contre son insolence on ne doit point gauchir ;
C'est à moi, tout d'un coup, de vous en affranchir,
Et pour sortir d'affaire, il faut que je l'assomme.

CLÉANTE

Voilà tout justement parler en vrai jeune homme.
Modérez, s'il vous plaît, ces transports éclatants :
1640 Nous vivons sous un règne et sommes dans un
                                              [temps
Où par la violence on fait mal ses affaires.

SCÈNE III

MADAME PERNELLE, MARIANE, ELMIRE,
DORINE, DAMIS, ORGON, CLÉANTE

MADAME PERNELLE

Qu'est-ce ? J'apprends ici de terribles mystères.

ORGON

Ce sont des nouveautés dont mes yeux sont
                                              [témoins,

Et vous voyez le prix dont sont payés mes soins.
1645 Je recueille avec zèle un homme en sa misère,
Je le loge, et le tiens comme mon propre frère ;
De bienfaits chaque jour il est par moi chargé ;
Je lui donne ma fille et tout le bien que j'ai ;
Et, dans le même temps, le perfide, l'infâme,
1650 Tente le noir dessein de suborner ma femme,
Et non content encor de ces lâches essais,
Il m'ose menacer de mes propres bienfaits,
Et veut, à ma ruine, user des avantages
Dont le viennent d'armer mes bontés trop peu
                                              [sages,
1655 Me chasser de mes biens, où je l'ai transféré,
Et me réduire au point d'où je l'ai retiré.

DORINE

Le pauvre homme !

MADAME PERNELLE

Mon fils, je ne puis du tout
                                      [croire
Qu'il ait voulu commettre une action si noire.

ORGON

Comment ?

MADAME PERNELLE

Les gens de bien sont enviés toujours.

ORGON

1660 Que voulez-vous donc dire avec votre discours,
Ma mère ?

MADAME PERNELLE

Que chez vous on vit d'étrange sorte,
Et qu'on ne sait que trop la haine qu'on lui porte.

ORGON

Qu'a cette haine à faire avec ce qu'on vous dit ?

MADAME PERNELLE

Je vous l'ai dit cent fois quand vous étiez petit :
1665 La vertu dans le monde est toujours poursuivie ;
Les envieux mourront, mais non jamais l'envie.

ORGON

Mais que fait ce discours aux choses d'aujourd'hui ?

MADAME PERNELLE

On vous aura forgé cent sots contes de lui.

ORGON

Je vous ai dit déjà que j'ai vu tout moi-même.

MADAME PERNELLE

1670 Des esprits médisants la malice est extrême.

ORGON

Vous me feriez damner, ma mère. Je vous dis
Que j'ai vu de mes yeux un crime si hardi.

MADAME PERNELLE

Les langues ont toujours du venin à répandre,
Et rien n'est ici-bas qui s'en puisse défendre.

ORGON

1675 C'est tenir un propos de sens bien dépourvu.
Je l'ai vu, dis-je, vu, de mes propres yeux vu,
Ce qu'on appelle vu : faut-il vous le rebattre
Aux oreilles cent fois, et crier comme quatre ?

MADAME PERNELLE

Mon Dieu, le plus souvent l'apparence déçoit :
1680 Il ne faut pas toujours juger sur ce qu'on voit.

ORGON

J'enrage.

MADAME PERNELLE

        Aux faux soupçons la nature est sujette,
Et c'est souvent à mal que le bien s'interprète.

ORGON

Je dois interpréter à charitable soin
Le désir d'embrasser ma femme ?

MADAME PERNELLE

                    Il est besoin,
1685 Pour accuser les gens, d'avoir de justes causes ;
Et vous deviez attendre à vous voir sûr des choses.

ORGON

Hé, diantre ! le moyen de m'en assurer mieux ?
Je devais donc, ma mère, attendre qu'à mes yeux
Il eût...Vous me feriez dire quelque sottise.

MADAME PERNELLE

1690 Enfin d'un trop pur zèle on voit son âme éprise ;
Et je ne puis du tout me mettre dans l'esprit
Qu'il ait voulu tenter les choses que l'on dit.

ORGON

Allez, je ne sais pas, si vous n'étiez ma mère,
Ce que je vous dirais, tant je suis en colère.

DORINE

1695 Juste retour, Monsieur, des choses d'ici-bas :
Vous ne vouliez point croire, et l'on ne vous croit
                                              [pas.

CLÉANTE

Nous perdons des moments en bagatelles pures,
Qu'il faudrait employer à prendre des mesures.
Aux menaces du fourbe on doit ne dormir point.

DAMIS

1700 Quoi ? son effronterie irait jusqu'à ce point ?

ELMIRE

Pour moi, je ne crois pas cette instance possible,
Et son ingratitude est ici trop visible.

CLÉANTE

Ne vous y fiez pas : il aura des ressorts
Pour donner contre vous raison à ses efforts ;
1705 Et sur moins que cela, le poids d'une cabale
Embarrasse les gens dans un fâcheux dédale.
Je vous le dis encor : armé de ce qu'il a,
Vous ne deviez jamais le pousser jusque-là.

ORGON

Il est vrai ; mais qu'y faire ? A l'orgueil de ce traître,
1710 De mes ressentiments je n'ai pas été maître.

CLÉANTE

Je voudrais, de bon cœur, qu'on pût entre vous
                                        [deux
De quelque ombre de paix raccommoder les nœuds.

ELMIRE

Si j'avais su qu'en main il a de telles armes,
Je n'aurais pas donné matière à tant d'alarmes,
Et mes...

ORGON

1715   Que veut cet homme ? Allez tôt le savoir.
Je suis bien en état que l'on me vienne voir !

SCÈNE IV

MONSIEUR LOYAL, MADAME PERNELLE, ORGON, DAMIS,
MARIANE, DORINE, ELMIRE, CLÉANTE

MONSIEUR LOYAL

Bonjour, ma chère sœur ; faites, je vous supplie,
Que je parle à Monsieur.

DORINE

Il est en compagnie,
Et je doute qu'il puisse à présent voir quelqu'un.

MONSIEUR LOYAL

1720 Je ne suis pas pour être en ces lieux importun.
Mon abord n'aura rien, je crois, qui lui déplaise ;
Et je viens pour un fait dont il sera bien aise.

DORINE

Votre nom ?

MONSIEUR LOYAL

Dites-lui seulement que je viens
De la part de Monsieur Tartuffe, pour son bien.

DORINE

1725 C'est un homme qui vient, avec douce manière,
De la part de Monsieur Tartuffe, pour affaire
Dont vous serez, dit-il, bien aise.

CLÉANTE

Il vous faut voir
Ce que c'est que cet homme, et ce qu'il peut
                                    [vouloir.

ORGON

Pour nous raccommoder il vient ici peut-être :
1730 Quels sentiments aurai-je à lui faire paraître ?

CLÉANTE

Votre ressentiment ne doit point éclater ;
Et s'il parle d'accord, il le faut écouter.

MONSIEUR LOYAL

Salut, Monsieur. Le Ciel perde qui vous veut nuire,
Et vous soit favorable autant que je désire !

ORGON

1735 Ce doux début s'accorde avec mon jugement,
Et présage déjà quelque accommodement.

MONSIEUR LOYAL

Toute votre maison m'a toujours été chère,
Et j'étais serviteur de Monsieur votre père.

ORGON

Monsieur, j'ai grande honte et demande pardon
1740 D'être sans vous connaître ou savoir votre nom.

MONSIEUR LOYAL

Je m'appelle Loyal, natif de Normandie,
Et suis huissier à verge, en dépit de l'envie.
J'ai depuis quarante ans, grâce au Ciel, le bonheur
D'en exercer la charge avec beaucoup d'honneur ;
1745 Et je vous viens, Monsieur, avec votre licence,
Signifier l'exploit de certaine ordonnance...

ORGON

Quoi ? vous êtes ici... ?

MONSIEUR LOYAL

           Monsieur, sans passion :
Ce n'est rien seulement qu'une sommation,
Un ordre de vuider d'ici, vous et les vôtres,
1750 Mettre vos meubles hors, et faire place à d'autres,
Sans délai ni remise, ainsi que besoin est...

ORGON

Moi, sortir de céans ?

MONSIEUR LOYAL

           Oui, Monsieur, s'il vous plaît.
La maison à présent, comme savez de reste,
Au bon Monsieur Tartuffe appartient sans conteste.
1755 De vos biens désormais il est maître et seigneur,
En vertu d'un contrat duquel je suis porteur :
Il est en bonne forme, et l'on n'y peut rien dire.

DAMIS

Certes cette impudence est grande, et je l'admire.

MONSIEUR LOYAL

Monsieur, je ne dois point avoir affaire à vous ;
1760 C'est à Monsieur : il est et raisonnable et doux,
Et d'un homme de bien il sait trop bien l'office,
Pour se vouloir du tout opposer à justice.

ORGON

Mais...

MONSIEUR LOYAL

        Oui, Monsieur, je sais que pour un million
Vous ne voudriez pas faire rébellion,

1765 Et que vous souffrirez, en honnête personne,
Que j'exécute ici les ordres qu'on me donne.

DAMIS

Vous pourriez bien ici sur votre noir jupon,
Monsieur l'huissier à verge, attirer le bâton.

MONSIEUR LOYAL

Faites que votre fils se taise ou se retire,
1770 Monsieur. J'aurais regret d'être obligé d'écrire,
Et de vous voir couché dans mon procès-verbal.

DORINE

Ce Monsieur Loyal porte un air bien déloyal !

MONSIEUR LOYAL

Pour tous les gens de bien j'ai de grandes
                              [tendresses,
Et ne me suis voulu, Monsieur, charger des pièces
1775 Que pour vous obliger et vous faire plaisir.
Que pour ôter par-là le moyen d'en choisir
Qui, n'ayant pour vous le zèle qui me pousse,
Auraient pu procéder d'une façon moins douce.

ORGON

Et que peut-on de pis que d'ordonner aux gens
De sortir de chez eux ?

MONSIEUR LOYAL

                          On vous donne du temps,
1780 Et jusques à demain je ferai surséance

A l'exécution, Monsieur, de l'ordonnance.
Je viendrai seulement passer ici la nuit,
Avec dix de mes gens, sans scandale et sans bruit.
1785 Pour la forme, il faudra, s'il vous plaît, qu'on
                                          [m'apporte,
Avant que se coucher, les clefs de votre porte.
J'aurai soin de ne pas troubler votre repos,
Et de ne rien souffrir qui ne soit à propos.
Mais demain, du matin, il vous faut être habile
1790 A vuider de créans jusqu'au moindre ustensile :
Mes gens vous aideront, et je les ai pris forts,
Pour vous faire service à tout mettre dehors.
On n'en peut pas user mieux que je fais, je pense ;
Et comme je vous traite avec grande indulgence,
1795 Je vous conjure aussi, Monsieur, d'en user bien,
Et qu'au dû de ma charge on ne me trouble en rien.

ORGON

Du meilleur de mon cœur je donnerais sur l'heure
Les cent plus beaux louis de ce qui me demeure,
Et pouvoir, à plaisir, sur ce mufle assener
1800 Le plus grand coup de poing qui se puisse donner.

CLÉANTE

Laissez, ne gâtons rien.

DAMIS

                    A cette audace étrange,
J'ai peine à me tenir, et la main me démange.

DORINE

Avec un si bon dos, ma foi, Monsieur Loyal,
Quelques coups de bâtons ne vous siéraient pas mal.

MONSIEUR LOYAL

1805 On pourrait bien punir ces paroles infâmes,
Mamie, et l'on décrète aussi contre les femmes.

CLÉANTE

Finissons tout cela, Monsieur : c'en est assez ;
Donnez tôt ce papier, de grâce, et nous laissez.

MONSIEUR LOYAL

Jusqu'au revoir. Le Ciel vous tienne tous en joie !

ORGON

1810 Puisse-t-il te confondre, et celui qui t'envoie !

SCÈNE V

ORGON, CLÉANTE, MARIANE, ELMIRE,
MADAME PERNELLE, DORINE, DAMIS

ORGON

Hé bien, vous le voyez, ma mère, si j'ai droit,
Et vous pouvez juger du reste par l'exploit :
Ses trahisons enfin vous sont-elles connues ?

MADAME PERNELLE

Je suis tout ébaubie, et je tombe des nues !

DORINE

1815 Vous vous plaignez à tort, à tort vous le blâmez,
Et ses pieux desseins par-là sont confirmés :
Dans l'amour du prochain sa vertu se consomme ;
Il sait que très souvent les biens corrompent
                                                    [l'homme,
Et, par charité pure, il veut vous enlever
1820 Tout ce qui vous peut faire obstacle à vous sauver.

ORGON

Taisez-vous : c'est le mot qu'il vous faut toujours
                                                    [dire.

CLÉANTE

Allons voir quel conseil on doit vous faire élire.

ELMIRE

Allez faire éclater l'audace de l'ingrat.
Ce procédé détruit la vertu du contrat ;
1825 Et sa déloyauté va paraître trop noire,
Pour souffrir qu'il en ait le succès qu'on veut croire.

SCÈNE VI

VALÈRE, ORGON, CLÉANTE, ELMIRE,
MARIANE, ETC.

VALÈRE

Avec regret, Monsieur, je viens vous affliger ;
Mais je m'y vois contraint par le pressant danger.

Un ami, qui m'est joint d'une amitié fort tendre,
1830 Et qui sait l'intérêt qu'en vous j'ai lieu de prendre,
A violé pour moi, par un pas délicat,
Le secret que l'on doit aux affaires d'État,
Et me vient d'envoyer un avis dont la suite
Vous réduit au parti d'une soudaine fuite.
1835 Le fourbe qui longtemps a pu vous imposer
Depuis une heure au Prince a su vous accuser,
Et remettre en ses mains, dans les traits qu'il vous
                                            [jette,
D'un criminel d'État l'importante cassette,
Dont, au mépris, dit-il, du devoir d'un sujet,
1840 Vous avez conservé le coupable secret.
J'ignore le détail du crime qu'on vous donne ;
Mais un ordre est donné contre votre personne ;
Et lui-même est chargé, pour mieux l'exécuter,
D'accompagner celui qui vous doit arrêter.

CLÉANTE

1845 Voilà ses droits armés ; et c'est par où le traître
De vos biens qu'il prétend cherche à se rendre
                                            [maître.

ORGON

L'homme est, je vous l'avoue, un méchant animal !

VALÈRE

Le moindre amusement vous peut être fatal.
J'ai, pour vous emmener, mon carrosse à la porte,
1850 Avec mille louis qu'ici je vous apporte.
Ne perdons point de temps : le trait est foudroyant,
Et ce sont des ces coups que l'on pare en fuyant.
A vous mettre en lieu sûr je m'offre pour conduite,
Et veux accompagner jusqu'au bout votre fuite.

ORGON

1855 Las ! que je ne dois-je point à vos soins obligeants !
Pour vous en rendre grâce il faut un autre temps ;
Et je demande au Ciel de m'être assez propice,
Pour reconnaître un jour ce généreux service.
Adieu : prenez le soin, vous autres...

CLÉANTE

                    Allez tôt :
1860 Nous songerons, mon frère, à faire ce qu'il faut.

SCÈNE DERNIÈRE

L'EXEMPT, TARTUFFE, VALÈRE,
ORGON, ELMIRE, MARIANE, ETC.

TARTUFFE

Tout beau, Monsieur, tout beau, ne courez point si
                                        [vite :
Vous n'irez pas fort loin pour trouver votre gîte,
Et de la part du Prince on vous fait prisonnier.

ORGON

Traître, tu me gardais ce trait pour le dernier ;
1865 C'est le coup, scélérat, par où tu m'expédies,
Et voilà couronner toutes tes perfidies.

TARTUFFE

Vos injures n'ont rien à me pouvoir aigrir,
Et je suis pour le Ciel appris à tout souffrir.

CLÉANTE

La modération est grande, je l'avoue.

DAMIS

1870 Comme du Ciel l'infâme impudemment se joue !

TARTUFFE

Tous vos emportements ne sauraient m'émouvoir,
Et je ne songe à rien qu'à faire mon devoir.

MARIANE

Vous avez de ceci grande gloire à prétendre,
Et cet emploi pour vous est fort honnête à prendre.

TARTUFFE

1875 Un emploi ne saurait être que glorieux,
Quand il part du pouvoir qui m'envoie en ces lieux.

ORGON

Mais t'es-tu souvenu que ma main charitable,
Ingrat, t'a retiré d'un état misérable ?

TARTUFFE

Oui, je sais quels secours j'en ai pu recevoir ;
1880 Mais l'intérêt du Prince est mon premier devoir ;
De ce devoir sacré la juste violence
Étouffe dans mon cœur toute reconnaissance,
Et je sacrifierais à de si puissants nœuds
Ami, femme, parents, et moi-même avec eux.

ELMIRE

L'imposteur !

DORINE

1885   Comme il sait, de traîtresse manière,
Se faire un beau manteau de tout ce qu'on révère !

CLÉANTE

Mais s'il est si parfait que vous le déclarez,
Ce zèle qui vous pousse et dont vous vous parez,
D'où vient que pour paraître il s'avise d'attendre
1890 Qu'à poursuivre sa femme il ait su vous surprendre,
Et que vous ne songez à l'aller dénoncer
Que lorsque son honneur l'oblige à vous chasser ?
Je ne vous parle point, pour devoir en distraire,
Du don de tout son bien qu'il venait de vous faire ;
1895 Mais le voulant traiter en coupable aujourd'hui,
Pourquoi consentiez-vous à rien prendre de lui ?

TARTUFFE, *à l'Exempt.*

Délivrez-moi, Monsieur, de la criaillerie,
Et daignez accomplir votre ordre, je vous prie.

L'EXEMPT

Oui, c'est trop demeurer sans doute à l'accomplir :
1900 Votre bouche à propos m'invite à le remplir ;
Et pour l'exécuter, suivez-moi tout à l'heure
Dans la prison qu'on doit vous donner pour
                                        [demeure.

TARTUFFE

Quoi ? moi, Monsieur ?

L'EXEMPT

Oui, vous.

TARTUFFE

Pourquoi donc la
[prison ?

L'EXEMPT

Ce n'est pas vous à qui j'en veux rendre raison.
1905 Remettez-vous, Monsieur, d'une alarme si chaude.
Nous vivons sous un Prince ennemi de la fraude,
Un Prince dont les yeux se font jour dans les
[cœurs,
Et que ne peut tromper tout l'art des imposteurs.
D'un fin discernement sa grande âme pourvue
1910 Sur les choses toujours jette une droite vue ;
Chez elle jamais rien ne surprend trop d'accès,
Et sa ferme raison ne tombe en nul excès.
Il donne aux gens de bien une gloire immortelle ;
Mais sans aveuglement il fait briller ce zèle,
1915 Et l'amour pour les vrais ne ferme point son cœur
A tout ce que les faux doivent donner d'horreur.
Celui-ci n'était pas pour le pouvoir surprendre,
Et de pièges plus fins on le voit se défendre.
D'abord il a percé, par ses vives clartés,
1920 Des replis de son cœur toutes les lâchetés.
Venant vous accuser, il s'est trahi lui-même,
Et par un juste trait de l'équité suprême,
S'est découvert au Prince un fourbe renommé,
Dont sous un autre nom il était informé ;
1925 Et c'est un long détail d'actions toutes noires
Dont on pourrait former des volumes d'histoires.
Ce monarque, en un mot, a vers vous détesté
Sa lâche ingratitude et sa déloyauté ;

A ses autres horreurs il a joint cette suite,
1930 Et ne m'a jusqu'ici soumis à sa conduite
Que pour voir l'impudence aller jusques au bout,
Et vous faire par lui faire raison de tout.
Oui, de tous vos papiers, dont il se dit le maître,
Il veut qu'entre vos mains je dépouille le traître.
1935 D'un souverain pouvoir, il brise les liens
Du contrat qui lui fait un don de tous vos biens,
Et vous pardonne enfin cette offense secrète
Où vous a d'un ami fait tomber la retraite ;
Et c'est le prix qu'il donne au zèle qu'autrefois
1940 On vous vit témoigner en appuyant ses droits,
Pour montrer que son cœur sait, quand moins on y
                                                    [pense,
D'une bonne action verser la récompense,
Que jamais le mérite avec lui ne perd rien,
Et que mieux que du mal il se souvient du bien.

DORINE

Que le Ciel soit loué !

MADAME PERNELLE

1945   Maintenant je respire.

ELMIRE

Favorable succès !

MARIANE

                    Qui l'aurait osé dire ?

ORGON, *à Tartuffe*.

Hé bien ! te voilà, traître...

CLÉANTE

                    Ah ! mon frère, arrêtez,
Et ne descendez point à des indignités ;
A son mauvais destin laissez un misérable,
1950 Et ne vous joignez point au remords qui l'accable :
Souhaitez bien plutôt que son cœur en ce jour
Au sein de la vertu fasse un heureux retour,
Qu'il corrige sa vie en détestant son vice
Et puisse du grand Prince adoucir la justice,
1955 Tandis qu'à sa bonté vous irez à genoux
Rendre ce que demande un traitement si doux.

ORGON

Oui, c'est bien dit : allons à ses pieds avec joie
Nous louer des bontés que son cœur nous déploie.
Puis, acquittés un peu de ce premier devoir,
1960 Aux justes soins d'un autre il nous faudra pourvoir,
Et par un doux hymen couronner en Valère
La flamme d'un amant généreux et sincère.

LE
FESTIN
DE
PIERRE

COMÉDIE

Par J.-B.P. de Molière

Édition nouvelle et toute différente
de celle qui a paru jusqu'à présent

A AMSTERDAM

M. DC. LXXXIII

DOM JUAN

OU

LE FESTIN DE PIERRE

COMÉDIE

Par J.-B.P. de Molière.

Représentée pour la première fois
le quinzième février 1665,
sur le Théâtre de la Salle du Palais-Royal,
par la Troupe de Monsieur,
Frère Unique du Roi

DOM JUAN
ou
LE FESTIN DE PIERRE

Comédie

PERSONNAGES

DOM JUAN, *fils de Dom Louis.*
SGANARELLE, *valet de Dom Juan.*
ELVIRE, *femme de Dom Juan.*
GUSMAN, *écuyer d'Elvire,*
DOM CARLOS,
DOM ALONSE, } *frères d'Elvire.*
DOM LOUIS, *père de Dom Juan.*
FRANCISQUE, *pauvre.*
CHARLOTTE,
MATHURINE, } *paysannes.*
PIERROT, *paysan.*
LA STATUE *du Commandeur.*
LA VIOLETTE,
RAGOTIN, } *laquais de Dom Juan.*
M. DIMANCHE, *marchand.*
LA RAMÉE, *spadassin.*
SUITE DE *Dom Juan.*
SUITE DE *Dom Carlos et de Dom Alonse, frères.*
UN SPECTRE.

La scène est en Sicile.

ACTE PREMIER

SCÈNE PREMIÈRE

SGANARELLE, GUSMAN.

SGANARELLE, *tenant une tabatière :* Quoi que puisse dire Aristote et toute la Philosophie, il n'est rien d'égal au tabac : c'est la passion des honnêtes gens, et qui vit sans tabac n'est pas digne de vivre. Non seulement il réjouit et purge les cerveaux humains, mais encore il instruit les âmes à la vertu, et l'on apprend avec lui à devenir honnête homme. Ne voyez-vous pas bien, dès qu'on en prend, de quelle manière obligeante on en use avec tout le monde, et comme on est ravi d'en donner à droite et à gauche, partout où l'on se trouve ? On n'attend pas même qu'on en demande, et l'on court au-devant du souhait des gens : tant il est vrai que le tabac inspire des sentiments d'honneur et de vertu à tous ceux qui en prennent. Mais c'est assez de cette matière. Reprenons un peu notre discours. Si bien donc, cher Gusman, que Done Elvire, ta maîtresse, surprise de notre départ, s'est mise en campagne après nous, et son cœur, que mon maître a su toucher trop fortement, n'a pu vivre, dis-tu, sans le venir chercher ici. Veux-tu qu'entre nous je te dise ma pensée ? J'ai peur qu'elle ne soit mal payée de son amour, que son voyage en cette ville produise peu de fruit, et que vous eussiez autant gagné à ne bouger de là.

GUSMAN : Et la raison encore ? Dis-moi, je te prie, Sganarelle, qui peut t'inspirer une peur d'un si mauvais augure ? Ton maître t'a-t-il ouvert son cœur là-dessus, et t'a-t-il dit qu'il eût pour nous quelque froideur qui l'ait obligé à partir ?

SGANARELLE : Non pas ; mais, à vue de pays, je connais à peu près le train des choses ; et sans qu'il m'ait encore rien dit, je gagerais presque que l'affaire va là. Je pourrais peut-être me tromper ; mais enfin, sur de tels sujets, l'expérience m'a pu donner quelques lumières.

GUSMAN : Quoi ? ce départ si peu prévu serait une infidélité de Dom Juan ? Il pourrait faire cette injure aux chastes feux de Done Elvire ?

SGANARELLE : Non, c'est qu'il est jeune encore, et qu'il n'a pas le courage...

GUSMAN : Un homme de sa qualité ferait une action si lâche ?

SGANARELLE : Eh oui, sa qualité ! La raison en est belle, et c'est par-là qu'il s'empêcherait des choses.

GUSMAN : Mais les saints nœuds du mariage le tiennent engagé.

SGANARELLE : Eh ! mon pauvre Gusman, mon ami, tu ne sais pas encore, crois-moi, quel homme est Dom Juan.

GUSMAN : Je ne sais pas, de vrai, quel homme il peut être, s'il faut qu'il nous ait fait cette perfidie ; et je ne comprends point comme après tant d'amour et tant d'impatience témoignée, tant d'hommages pressants, de vœux, de soupirs et de larmes, tant de lettres passionnées, de protestations ardentes et de serments réitérés, tant de transports enfin et tant d'emportements qu'il a fait paraître, jusques à forcer, dans sa passion, l'obstacle sacré d'un couvent, pour mettre Done Elvire en sa puissance, je ne comprends pas, dis-je, comme,

après tout cela, il aurait le cœur de pouvoir manquer à
sa parole.

SGANARELLE : Je n'ai pas grande peine à le
comprendre, moi ; et si tu connaissais le pèlerin, tu
trouverais la chose assez facile pour lui. Je ne dis pas
qu'il ait changé de sentiments pour Done Elvire, je
n'en ai point de certitude encore : tu sais que, par son
ordre, je partis avant lui, et depuis son arrivée il ne
m'a point entretenu ; mais, par précaution, je
t'apprends, *inter nos*, que tu vois en Dom Juan, mon
maître, le plus grand scélérat que la terre ait jamais
porté, un enragé, un chien, un Diable, un Turc, un
Hérétique, qui ne croit ni Ciel, ni saint, ni Dieu, ni
loup-garou, qui passe cette vie en véritable bête brute,
en pourceau d'Épicure, en vrai Sardanapale, qui
ferme l'oreille à toutes les remontrances chrétiennes
qu'on lui peut faire, et traite de billeversées tout ce
que nous croyons. Tu me dis qu'il a épousé ta maîtresse : crois qu'il aurait plus fait pour contenter sa
passion, et qu'avec elle il aurait encore épousé toi, son
chien et son chat. Un mariage ne lui coûte rien à
contracter ; il ne se sert point d'autres pièges pour
attraper les belles, et c'est un épouseur à toutes
mains. Dame, damoiselle, bourgeoise, paysanne, il ne
trouve rien de trop chaud ni de trop froid pour lui ; et
si je te disais le nom de toutes celles qu'il a épousées
en divers lieux, ce serait un chapitre à durer jusques
au soir. Tu demeures surpris et changes de couleur à
ce discours ; ce n'est là qu'une ébauche du personnage, et pour en achever le portrait, il faudrait bien
d'autres coups de pinceau. Suffit qu'il faut que le
courroux du Ciel l'accable quelque jour ; qu'il me
vaudrait bien mieux d'être au diable que d'être à lui,
et qu'il me fait voir tant d'horreurs, que je souhaiterais qu'il fût déjà je ne sais où. Mais un grand seigneur méchant homme est une terrible chose ; il faut
que je lui sois fidèle, et en dépit que j'en aie : la

crainte en moi fait l'office du zèle, bride mes sentiments, et me réduit d'applaudir bien souvent à ce que
mon âme déteste. Le voilà qui vient se promener dans
ce palais : séparons-nous ; écoute, au moins je te fais
cette confidence avec franchise, et cela m'est sorti un
peu bien vite de la bouche ; mais s'il fallait qu'il en
vînt quelque chose à ses oreilles, je dirais hautement
que tu aurais menti.

SCÈNE II

DOM JUAN, SGANARELLE

DOM JUAN : Quel homme te parlait là ? Il a bien de
l'air, ce me semble, du bon Gusman de Done Elvire.

SGANARELLE : C'est quelque chose aussi à peu près de
cela.

DOM JUAN : Quoi ? c'est lui ?

SGANARELLE : Lui-même.

DOM JUAN : Et depuis quand est-il en cette ville ?

SGANARELLE : D'hier au soir.

DOM JUAN : Et quel sujet l'amène ?

SGANARELLE : Je crois que vous jugez assez ce qui le
peut inquiéter.

DOM JUAN : Notre départ sans doute ?

SGANARELLE : Le bonhomme en est tout mortifié, et
m'en demandait le sujet.

DOM JUAN : Et quelle réponse as-tu faite ?

SGANARELLE : Que vous ne m'en aviez rien dit.

DOM JUAN : Mais encore, quelle est ta pensée là-dessus ? Que t'imagines-tu de cette affaire ?

SGANARELLE : Moi, je crois, sans vous faire tort, que
vous avez quelque nouvel amour en tête.

DOM JUAN : Tu le crois ?

SGANARELLE : Oui.

DOM JUAN : Ma foi ! tu ne te trompes pas, et je dois

t'avouer qu'un autre objet a chassé Elvire de ma pensée.

SGANARELLE : Eh ! mon Dieu ! je sais mon Dom Juan sur le bout du doigt, et connais votre cœur pour le plus grand coureur du monde : il se plaît à se promener de liens en liens, et n'aime guère à demeurer en place.

DOM JUAN : Et ne trouves-tu pas, dis-moi, que j'ai raison d'en user de la sorte ?

SGANARELLE : Eh ! Monsieur.

DOM JUAN : Quoi ? Parle.

SGANARELLE : Assurément que vous avez raison, si vous le voulez ; on ne peut pas aller là contre. Mais si vous ne le vouliez pas, ce serait peut-être une autre affaire.

DOM JUAN : Eh bien ! je te donne la liberté de parler et de me dire tes sentiments.

SGANARELLE : En ce cas, Monsieur, je vous dirai franchement que je n'approuve point votre méthode, et que je trouve fort vilain d'aimer de tous côtés comme vous faites.

DOM JUAN : Quoi ? tu veux qu'on se lie à demeurer au premier objet qui nous prend, qu'on renonce au monde pour lui, et qu'on n'ait plus d'yeux pour personne ? La belle chose de vouloir se piquer d'un faux honneur d'être fidèle, de s'ensevelir pour toujours dans une passion, et d'être mort dès sa jeunesse à toutes les autres beautés qui nous peuvent frapper les yeux ! Non, non : la constance n'est bonne que pour des ridicules ; toutes les belles ont droit de nous charmer, et l'avantage d'être rencontrée la première ne doit point dérober aux autres les justes prétentions qu'elles ont toutes sur nos cœurs. Pour moi, la beauté me ravit partout où je la trouve, et je cède facilement à cette douce violence dont elle nous entraîne. J'ai beau être engagé, l'amour que j'ai pour une belle n'engage point mon âme à faire injustice aux autres ;

je conserve des yeux pour voir le mérite de toutes, et
rends à chacune les hommages et les tributs où la
nature nous oblige. Quoi qu'il en soit, je ne puis
refuser mon cœur à tout ce que je vois d'aimable ; et
dès qu'un beau visage me le demande, si j'en avais dix
mille, je les donnerais tous. Les inclinations nais-
santes, après tout, ont des charmes inexplicables, et
tout le plaisir de l'amour est dans le changement. On
goûte une douceur extrême à réduire, par cent hommages, le cœur d'une jeune beauté, à voir de jour en
jour les petits progrès qu'on y fait, à combattre par
des transports, par des larmes et des soupirs, l'inno-
cente pudeur d'une âme qui a peine à rendre les
armes, à forcer pied à pied toutes les petites résis-
tances qu'elle nous oppose, à vaincre les scrupules
dont elle se fait un honneur et la mener doucement
où nous avons envie de la faire venir. Mais lorsqu'on
en est maître une fois, il n'y a plus rien à dire ni rien à
souhaiter ; tout le beau de la passion est fini, et nous
nous endormons dans la tranquillité d'un tel amour,
si quelque objet nouveau ne vient réveiller nos désirs,
et présenter à notre cœur les charmes attrayants
d'une conquête à faire. Enfin, il n'est rien de si doux
que de triompher de la résistance d'une belle personne, et j'ai sur ce sujet l'ambition des conquérants,
qui volent perpétuellement de victoire en victoire, et
ne peuvent se résoudre à borner leurs souhaits. Il
n'est rien qui puisse arrêter l'impétuosité de mes
désirs : je me sens un cœur à aimer toute la terre ; et
comme Alexandre, je souhaiterais qu'il y eût d'autres
mondes, pour y pouvoir étendre mes conquêtes
amoureuses.

SGANARELLE : Vertu de ma vie, comme vous débitez !
Il semble que vous avez appris cela par cœur, et vous
parlez tout comme un livre.

DOM JUAN : Qu'as-tu à dire là-dessus ?

SGANARELLE : Ma foi, j'ai à dire..., je ne sais ; car vous

tournez les choses d'une manière, qu'il semble que vous
avez raison ; et cependant il est vrai que vous ne l'avez
pas. J'avais les plus belles pensées du monde, et vos
discours m'ont brouillé tout cela. Laissez faire : une
autre fois je mettrai mes raisonnements par écrit, pour
disputer avec vous.

DOM JUAN : Tu feras bien.

SGANARELLE : Mais, Monsieur, cela serait-il de la
permission que vous m'avez donnée, si je vous disais
que je suis tant soit peu scandalisé de la vie que vous
menez ?

DOM JUAN : Comment ? quelle vie est-ce que je mène ?

SGANARELLE : Fort bonne. Mais, par exemple, de vous
voir tous les mois vous marier comme vous faites...

DOM JUAN : Y a-t-il rien de plus agréable ?

SGANARELLE : Il est vrai, je conçois que cela est fort
agréable et fort divertissant, et je m'en accommoderais
assez, moi, s'il n'y avait point de mal, mais, Monsieur,
se jouer ainsi d'un mystère sacré, et...

DOM JUAN : Va, va, c'est une affaire entre le Ciel et
moi, et nous la démêlerons bien ensemble, sans que tu
t'en mettes en peine.

SGANARELLE : Ma foi ! Monsieur, j'ai toujours ouï
dire que c'est une méchante raillerie que de se railler
du Ciel, et que les libertins ne font jamais une bonne
fin.

DOM JUAN : Holà ! maître sot, vous savez que je vous ai
dit que je n'aime pas les faiseurs de remontrances.

SGANARELLE : Je ne parle pas aussi à vous, Dieu m'en
garde. Vous savez ce que vous faites, vous ; et si vous
ne croyez rien, vous avez vos raisons ; mais il y a de
certains petits impertinents dans le monde, qui sont
libertins sans savoir pourquoi, qui font les esprits
forts, parce qu'ils croient que cela leur sied bien ; et si
j'avais un maître comme cela, je lui dirais fort nette-
ment, le regardant en face : « Osez-vous bien ainsi
vous jouer au Ciel, et ne tremblez-vous point de vous

moquer comme vous faites des choses les plus
saintes ? C'est bien à vous, petit ver de terre, petit
mirmidon que vous êtes (je parle au maître que j'ai
dit), c'est bien à vous à vouloir vous mêler de tourner
en raillerie ce que tous les hommes révèrent ? Pensez-
vous que pour être de qualité, pour avoir une per-
ruque blonde et bien frisée, des plumes à votre cha-
peau, un habit bien doré, et des rubans couleur de feu
(ce n'est pas à vous que je parle, c'est à l'autre),
pensez-vous, dis-je, que vous en soyez plus habile
homme, que tout vous soit permis, et qu'on n'ose vous
dire vos vérités ? Apprenez de moi, qui suis votre
valet, que le Ciel punit tôt ou tard les impies, qu'une
méchante vie amène une méchante mort, et que... »

DOM JUAN : Paix !

SGANARELLE : De quoi est-il question ?

DOM JUAN : Il est question de te dire qu'une beauté me
tient au cœur, et qu'entraîné par ses appas, je l'ai suivie
jusques en cette ville.

SGANARELLE : Et n'y craignez-vous rien, Monsieur, de
la mort de ce commandeur que vous tuâtes il y a six
mois ?

DOM JUAN : Et pourquoi craindre ? Ne l'ai-je pas bien
tué ?

SGANARELLE : Fort bien, le mieux du monde, et il
aurait tort de se plaindre.

DOM JUAN : J'ai eu ma grâce de cette affaire.

SGANARELLE : Oui, mais cette grâce n'éteint pas peut-
être le ressentiment des parents et des amis, et...

DOM JUAN : Ah ! n'allons point songer au mal qui
nous peut arriver, et songeons seulement à ce qui
nous peut donner du plaisir. La personne dont je te
parle est une jeune fiancée, la plus agréable du
monde, qui a été conduite ici par celui même qu'elle y
vient épouser ; et le hasard me fit voir ce couple
d'amants trois ou quatre jours avant leur voyage.
Jamais je n'ai vu deux personnes être si contents l'un

de l'autre, et faire éclater plus d'amour. La tendresse visible de leurs mutuelles ardeurs me donna de l'émotion ; j'en fus frappé au cœur et mon amour commença par la jalousie. Oui, je ne pus souffrir d'abord de les voir si bien ensemble ; le dépit alarma mes désirs, et je me figurai un plaisir extrême à pouvoir troubler leur intelligence, et rompre cet attachement, dont la délicatesse de mon cœur se tenait offensée ; mais jusques ici tous mes efforts ont été inutiles, et j'ai recours au dernier remède. Cet époux prétendu doit aujourd'hui régaler sa maîtresse d'une promenade sur mer. Sans t'en avoir rien dit, toutes choses sont préparées pour satisfaire mon amour, et j'ai une petite barque et des gens, avec quoi fort facilement je prétends enlever la belle.

SGANARELLE : Ha ! Monsieur...

DOM JUAN : Hen ?

SGANARELLE : C'est fort bien à vous, et vous le prenez comme il faut. Il n'est rien tel en ce monde que de se contenter.

DOM JUAN : Prépare-toi donc à venir avec moi, et prends soin toi-même d'apporter toutes mes armes, afin que... Ah ! rencontre fâcheuse. Traître, tu ne m'avais pas dit qu'elle était ici elle-même.

SGANARELLE : Monsieur, vous ne me l'avez pas demandé.

DOM JUAN : Est-elle folle, de n'avoir pas changé d'habit, et de venir en ce lieu-ci avec son équipage de campagne ?

SCÈNE III

DONE ELVIRE, DOM JUAN, SGANARELLE

DONE ELVIRE : Me ferez-vous la grâce, Dom Juan, de vouloir bien me reconnaître ? et puis-je au moins espérer que vous daigniez tourner le visage de ce côté ?

DOM JUAN : Madame, je vous avoue que je suis surpris, et que je ne vous attendais pas ici.

DONE ELVIRE : Oui, je vois bien que vous ne m'y attendiez pas ; et vous êtes surpris, à la vérité, mais tout autrement que je ne l'espérais ; et la manière dont vous le paraissez me persuade pleinement ce que je refusais de croire. J'admire ma simplicité et la faiblesse de mon cœur à douter d'une trahison que tant d'apparences me confirmaient. J'ai été assez bonne, je le confesse, ou plutôt assez sotte pour me vouloir tromper moi-même, et travailler à démentir mes yeux et mon jugement. J'ai cherché des raisons pour excuser à ma tendresse le relâchement d'amitié qu'elle voyait en vous ; et je me suis forgé exprès cent sujets légitimes d'un départ si précipité, pour vous justifier du crime dont ma raison vous accusait. Mes justes soupçons chaque jour avaient beau me parler : j'en rejetais la voix qui vous rendait criminel à mes yeux, et j'écoutais avec plaisir mille chimères ridicules qui vous peignaient innocent à mon cœur. Mais enfin cet abord ne me permet plus de douter, et le coup d'œil qui m'a reçue m'apprend bien plus de choses que je ne voudrais en savoir. Je serai bien aise pourtant d'ouïr de votre bouche les raisons de votre départ. Parlez, Dom Juan, je vous prie, et voyons de quel air vous saurez vous justifier !

DOM JUAN : Madame, voilà Sganarelle qui sait pourquoi je suis parti.

SGANARELLE : Moi, Monsieur ? Je n'en sais rien, s'il vous plaît.

DONE ELVIRE : Hé bien ! Sganarelle, parlez. Il n'importe de quelle bouche j'entende ces raisons.

DOM JUAN : *faisant signe d'approcher à Sganarelle* : Allons, parle donc à Madame.

SGANARELLE : Que voulez-vous que je dise ?

DONE ELVIRE : Approchez, puisqu'on le veut ainsi, et me dites un peu les causes d'un départ si prompt.

DOM JUAN : Tu ne répondras pas ?

SGANARELLE : Je n'ai rien à répondre. Vous vous moquez de votre serviteur.

DOM JUAN : Veux-tu répondre, te dis-je ?

SGANARELLE : Madame...

DONE ELVIRE : Quoi ?

SGANARELLE, *se retournant vers son maître* : Monsieur...

DOM JUAN : Si...

SGANARELLE : Madame, les conquérants, Alexandre et les autres mondes sont causes de notre départ. Voilà, Monsieur, tout ce que je puis dire.

DONE ELVIRE : Vous plaît-il, Dom Juan, nous éclaircir ces beaux mystères ?

DOM JUAN : Madame, à vous dire la vérité...

DONE ELVIRE : Ah ! que vous savez mal vous défendre pour un homme de cour, et qui doit être accoutumé à ces sortes de choses ! J'ai pitié de vous voir la confusion que vous avez. Que ne vous armez-vous le front d'une noble effronterie ? Que ne me jurez-vous que vous êtes toujours dans les mêmes sentiments pour moi, que vous m'aimez toujours avec une ardeur sans égale, et que rien n'est capable de vous détacher de moi que la mort ? Que ne me dites-vous que des affaires de la dernière conséquence vous ont obligé à partir sans m'en donner avis ; qu'il faut que, malgré vous, vous demeuriez ici quelque temps, et que je n'ai qu'à m'en retourner d'où je viens, assurée que vous suivrez mes pas le plus tôt qu'il vous sera possible ; qu'il est certain que vous brûlez de me rejoindre, et qu'éloigné de moi, vous souffrez ce que souffre un corps qui est séparé de son âme ? Voilà comme il faut vous défendre, et non pas être interdit comme vous êtes.

DOM JUAN : Je vous avoue, Madame, que je n'ai point le talent de dissimuler, et que je porte un cœur sincère. Je ne vous dirai point que je suis toujours dans

les mêmes sentiments pour vous, et que je brûle de
vous rejoindre, puisque enfin il est assuré que je ne
suis parti que pour vous fuir ; non point par les raisons que vous pouvez vous figurer, mais par un pur
motif de conscience, et pour ne croire pas qu'avec
vous davantage je puisse vivre sans péché. Il m'est
venu des scrupules, Madame, et j'ai ouvert les yeux de
l'âme sur ce que je faisais. J'ai fait réflexion que, pour
vous épouser, je vous ai dérobée à la clôture d'un
couvent, que vous avez rompu des vœux qui vous
engageaient autre part, et que le Ciel est fort jaloux de
ces sortes de choses. Le repentir m'a pris, et j'ai craint
le courroux céleste ; j'ai cru que notre mariage n'était
qu'un adultère déguisé, qu'il nous attirerait quelque
disgrâce d'en haut, et qu'enfin je devais tâcher de
vous oublier, et vous donner moyen de retourner à
vos premières chaînes. Voudriez-vous, Madame, vous
opposer à une si sainte pensée, et que j'allasse, en
vous retenant, me mettre le Ciel sur les bras, que
par... ?

DONE ELVIRE : Ah ! scélérat, c'est maintenant que je te
connais tout entier ; et pour mon malheur, je te connais
lorsqu'il n'en est plus temps, et qu'une telle connaissance ne peut plus me servir qu'à me désespérer. Mais
sache que ton crime ne demeurera pas impuni, et que le
même Ciel dont tu te joues me saura venger de ta
perfidie.

DOM JUAN : Sganarelle, le Ciel !

SGANARELLE : Vraiment oui, nous nous moquons bien
de cela, nous autres.

DOM JUAN : Madame...

DONE ELVIRE : Il suffit. Je n'en veux pas ouïr davantage, et je m'accuse même d'en avoir trop entendu.
C'est une lâcheté que de se faire expliquer trop sa
honte ; et, sur de tels sujets, un noble cœur, au premier mot, doit prendre son parti. N'attends pas que
j'éclate ici en reproches et en injures : non, non, je

n'ai point un courroux à exhaler en paroles vaines, et toute sa chaleur se réserve pour sa vengeance. Je te le dis encore, le Ciel te punira, perfide, de l'outrage que tu me fais ; et si le Ciel n'a rien que tu puisses appréhender, appréhende du moins la colère d'une femme offensée.

SGANARELLE : Si le remords le pouvait prendre !

DOM JUAN, *après une petite réflexion* : Allons songer à l'exécution de notre entreprise amoureuse.

SGANARELLE : Ah ! quel abominable maître me vois-je obligé de servir !

ACTE II

SCÈNE PREMIÈRE

CHARLOTTE, PIERROT

CHARLOTTE : Nostre-dinse, Piarrot, tu t'es trouvé là bien à point.

PIERROT : Parquienne, il ne s'en est pas falu l'épois-seur d'une éplinque, qu'ils ne se sayant nayez tous deux.

CHARLOTTE : C'est donc le coup de vent da matin qui les avoit ranvarsez dans la mar.

PIERROT : Aga guien, Charlotte, je m'en vas te conter tout fin drait comme cela est venu : car, comme dit l'autre, je les ay le premier avisez, avisez le premier je les ay. Enfin donc, j'estions sur le bord de la mar, moy et le gros Lucas, et je nous amusions à batifoler avec des mottes de tarre que je nous jesquions à la teste : car comme tu sçais bian, le gros Lucas aime à batifoler, et moy par fouas je batifole itou. En batifolant donc, pisque batifoler y a, j'ay apparceu de tout loin queuque chose qui groüilloit dans gliau, et qui venoit comme envars nou par secousse. Je voyois cela fixiblement, et pis tout d'un coup je voyois que je ne voyois plus rien. Eh, Lucas, çay-je fait, je pense que ula des hommes qui nageant là-bas. Voire, ce ma til fait, t'as esté au trépassement

d'un chat, t'as la veuë trouble. Pas sanquienne, çay je
fait, je n'ay point la veuë trouble, ce sont des
hommes. Point du tout, ce ma til fait, t'as la barluë.
Veux tu gager, çay je fait, que je nay point la barluë,
çay je fait, et que sont deux hommes, çay je fait, qui
nageant droit icy, çay je fait. Morquenne, ce ma til
fait, je gage que non. Ô çà, cay je fait, veux tu gager
dix sols que si ? Je le veux bian, ce ma til fait, et pour
te montrer, ula argent su jeu, ce ma til fait, Moy, je
n'ay point esté ny fou, ny estourdy, j'ay bravement
bouté à tarre quatre pièces tapées, et cinq sols en
doubles, jergniguenne aussi hardiment que si j'avois
avalé un varre de vin : car je ses hazardeux moy, et je
vas à la debandade. Je sçavois bian ce que je faisois
pourtant, queuque gniais ! Enfin donc, je n'avons
pas putost eü gagé que j'avon veu les deux hommes
tout à plain qui nous faisiant signe de les aller que-
rir, et moy de tirer auparavant les enjeux. Allons,
Lucas, çay je dit, tu vois bian qu'ils nous appellont :
allons viste à leu secours. Non, ce ma til dit, ils mont
fait pardre. Ô donc tanquia, qua la par fin pour le
faire court, je l'ay tant sarmonné, que je nous
sommes boutez dans une barque, et pis j'avons tant
fait cahin, caha, que je les avons tirez de gliau, et pis
je les avons menez cheux nous auprés du feu, et pis
ils se sant dépoüillez tous nuds pour se secher, et pis
il y en est venu encor deux de la mesme bande qui
sequiant sauvez tout seuls, et pis Maturine est arrivée là à qui l'en a fait les doux yeux. Vla justement,
Charlotte, comme tout ça s'est fait.

CHARLOTTE : Ne m'as-tu pas dit, Piarrot, qu'il y en a
un qu'est bien pû mieux fait que les autres ?

PIERROT : Oüy, c'est le Maître, il faut que ce soit
queuque gros gros Monsieur, car il a du dor à son
habit tout de pis le haut jusqu'en bas, et ceux qui le
servont sont des Monsieux eux-mesme, et stapandant,
tout gros Monsieur qu'il est, il seroit par ma fique
nayé si je n'aviomme esté là.

CHARLOTTE : Ardez un peu.

PIERROT : Ô Parquenne, sans nous, il en avoit pour sa maine de féves.

CHARLOTTE : Est-il encore cheux toy tout nu, Piarrot ?

PIERROT : Nannain, ils l'avont r'habillé tout devant nous. Mon quieu, je n'en avois jamais veu s'habiller, que d'histoires et d'angigorniaux boutont ces Messieus-là les Courtisans, je me pardrois là dedans pour moy, et j'estois tout ebobi de voir ça. Quien, Charlotte, ils avont des cheveux qui ne tenont point à leu teste, et ils boutont ça après tout comme un gros bonnet de filace. Ils ant des chemises qui ant des manches où j'entrerions tout brandis toy et moy. En glieu d'haut de chausse, ils portont un garderobe aussi large que d'icy à Pasque, en glieu de pourpoint, de petites brassieres, qui ne leu venont pas usqu'au brichet, et en glieu de rabas un grand mouchoir de cou à reziau aveuc quatre grosses houpes de linge qui leu pendont sur l'estomaque. Ils avont itou d'autres petits rabats au bout des bras, et de grands entonnois de passement aux jambes, et parmy tout ça tant de rubans, tant de rubans, que c'est une vraye piquié. Ignia pas jusqu'aux souliers qui n'en soiont farcis tout de pis un bout jusqu'à l'autre, et ils sont faits d'eune façon que je me romprois le cou aveuc.

CHARLOTTE : Par ma fy, Piarrot, il faut que j'aille voir un peu ça.

PIERROT : Ô acoute un peu auparavant, Charlotte, j'ay queuque autre chose à te dire, moy.

CHARLOTTE : Et bian, dy, qu'est-ce que c'est ?

PIERROT : Vois-tu, Charlotte, il faut, comme dit l'autre, que je débonde mon cœur. Je taime, tu le sçais bian, et je somme pour estre mariez ensemble, mais marquenne, je ne suis point satisfait de toy.

CHARLOTTE : Quement ? qu'est-ce que c'est donc qu'iglia ?

PIERROT : Iglia que tu me chagraignes l'esprit franchement.

CHARLOTTE : Et quement donc ?

PIERROT : Testiguienne, tu ne maimes point.

CHARLOTTE : Ah, ah, n'est-ce que ça ?

PIERROT : Oüy, ce n'est que ça, et c'est bian assez.

CHARLOTTE : Mon quieu, Piarrot, tu me viens toujou dire la mesme chose.

PIERROT : Je te dis toujou la mesme chose, parce que c'est toujou la mesme chose, et si ce n'estoit pas toujou la mesme chose, je ne te dirois pas toujou la mesme chose.

CHARLOTTE : Mais, qu'est-ce qu'il te faut ? que veux-tu ?

PIERROT : Jerniquenne, je veux que tu m'aimes.

CHARLOTTE : Est-ce que je ne t'aime pas ?

PIERROT : Non, tu ne maimes pas, et si je fais tout ce que je pis pour ça. Je tachete, sans reproche, des rubans à tous les Marciers qui passont, je me romps le cou à taller denicher des marles, je fais joüer pour toy les Vielleux quand ce vient ta feste, et tout ça comme si je me frapois la teste contre un mur. Vois-tu, ça n'est ny biau ny honneste de naimer pas les gens qui nous aimont.

CHARLOTTE : Mais, mon guieu, je taime aussi.

PIERROT : Oüy, tu maimes dune belle deguaine.

CHARLOTTE : Quement veux tu donc qu'on fasse ?

PIERROT : Je veux que l'en fasse comme l'en fait quand l'en aime comme il faut.

CHARLOTTE : Ne taimay-je pas aussi comme il faut ?

PIERROT : Non, quand ça est, ça se void, et l'en fait mille petites singeries aux personnes quand on les aime du bon du cœur. Regarde la grosse Thomasse comme elle est assotée du jeune Robain, alle est toujou autour de ly à lagacer, et ne le laisse jamais en repos. Toujou al ly fait queuque niche, ou ly baille quelque taloche en passant, et l'autre jour qu'il estoit

assis sur un escabiau, al fut le tirer de dessous ly, et
le fit choir tout de son long par tarre. Jarny vla où
len voit les gens qui aimont, mais toy, tu ne me dis
jamais mot, t'es toujou là comme eune vraye souche
de bois, et je passerois vingt fois devant toy que tu ne
te groüillerois pas pour me bailler le moindre coup,
ou me dire la moindre chose. Ventrequenne, ça n'est
pas bian, après tout, et t'es trop froide pour les gens.

CHARLOTTE : Que veux-tu que j'y fasse ? c'est mon
himeur, et je ne me pis refondre.

PIERROT : Ignia himeur qui quienne, quand en a de
l'ambiquié pour les personnes, lan en baille toujou
queuque petite signifiance.

CHARLOTTE : Enfin, je t'aime tout autant que je pis,
et si tu n'es pas content de ça, tu n'as qu'à en aimer
queuquautre.

PIERROT : Eh bien, vla pas mon conte ? Testigué, si
tu m'aimois, dirois-tu ça ?

CHARLOTTE : Pourquoy me viens-tu aussi tarabuster
l'esprit ?

PIERROT : Morqué, queu mal te fais-je ? je ne te
demande qu'un peu d'amiquié.

CHARLOTTE : Et bian, laisse faire aussi, et ne me
presse point tant, peut-estre que ça viendra tout d'un
coup sans y songer.

PIERROT : Touche donc là, Charlotte.

CHARLOTTE : Et bien, quien.

PIERROT : Promets-moy donc que tu tâcheras de
maimer davantage.

CHARLOTTE : J'y ferai tout ce que je pourray, mais il
faut que ça vienne de luy-mesme. Piarrot, est-ce là ce
Monsieur ?

PIERROT : Oüy, le ula.

CHARLOTTE : Ah, mon quieu, qu'il est genty, et que
ç'auroit esté dommage qu'il eut été nayé.

PIERROT : Je revians tout à l'heure, je m'en vas boire
chopaine, pour me rebouter tant soit peu de la
fatigue, que j'ays eüe.

SCÈNE II

DOM JUAN, SGANARELLE, CHARLOTTE

DOM JUAN : Nous avons manqué notre coup, Sganarelle, et cette bourrasque imprévue a renversé avec
notre barque le projet que nous avions fait ; mais, à te
dire vrai, la paysanne que je viens de quitter répare ce
malheur, et je lui ai trouvé des charmes qui effacent
de mon esprit tout le chagrin que me donnait le
mauvais succès de notre entreprise. Il ne faut pas que
ce cœur m'échappe, et j'y ai déjà jeté des dispositions
à ne pas me souffrir longtemps de pousser des soupirs.

SGANARELLE : Monsieur, j'avoue que vous m'étonnez. A peine sommes-nous échappés d'un péril de
mort qu'au lieu de rendre grâce au Ciel de la pitié
qu'il a daigné prendre de nous, vous travaillez tout de
nouveau à attirer sa colère par vos fantaisies accoutu-
mées et vos amours cr... Paix ! coquin que vous êtes ;
vous ne savez ce que vous dites, et Monsieur sait ce
qu'il fait. Allons.

DOM JUAN, *apercevant Charlotte :* Ah ! ah ! d'où sort
cette autre paysanne, Sganarelle ? As-tu rien vu de
plus joli ? et ne trouves-tu pas, dis-moi, que celle-ci
vaut bien l'autre ?

SGANARELLE : Assurément. Autre pièce nouvelle.

DOM JUAN : D'où me vient la belle, une rencontre si
agréable ? Quoi ? dans ces lieux champêtres, parmi
ces arbres et ces rochers, on trouve des personnes
faites comme vous êtes ?

CHARLOTTE : Vous voyez, Monsieur.

DOM JUAN : Êtes-vous de ce village ?

CHARLOTTE : Oui, Monsieur.

DOM JUAN : Et vous y demeurez ?

CHARLOTTE : Oui, Monsieur.

DOM JUAN : Vous vous appelez ?

CHARLOTTE : Charlotte, pour vous servir.

DOM JUAN : Ah ! la belle personne, et que ses yeux sont pénétrants !

CHARLOTTE : Monsieur, vous me rendez toute honteuse.

DOM JUAN : Ah ! n'ayez point de honte d'entendre dire vos vérités. Sganarelle, qu'en dis-tu ? Peut-on rien voir de plus agréable ? Tournez-vous un peu, s'il vous plaît. Ah ! que cette taille est jolie ! Haussez un peu la tête, de grâce. Ah ! que ce visage est mignon ! Ouvrez vos yeux entièrement. Ah ! qu'ils sont beaux ! Que je voie un peu vos dents, je vous prie. Ah ! qu'elles sont amoureuses, et ces lèvres appétissantes ! Pour moi, je suis ravi, et je n'ai jamais vu une si charmante personne.

CHARLOTTE : Monsieur, cela vous plaît à dire, et je ne sais pas si c'est pour railler de moi.

DOM JUAN : Moi, me railler de vous ? Dieu m'en garde ! Je vous aime trop pour cela, et c'est du fond du cœur que je vous parle.

CHARLOTTE : Je vous suis bien obligée, si ça est.

DOM JUAN : Point du tout ; vous ne m'êtes point obligée de tout ce que je dis, et ce n'est qu'à votre beauté que vous en êtes redevables.

CHARLOTTE : Monsieur, tout ça est trop bien dit pour moi, et je n'ai pas d'esprit pour vous répondre.

DOM JUAN : Sganarelle, regarde un peu ses mains.

CHARLOTTE : Fi ! Monsieur, elles sont noires comme je ne sais quoi.

DOM JUAN : Ha ! que dites-vous là ? Elles sont les plus belles du monde ; souffrez que je les baise, je vous prie.

CHARLOTTE : Monsieur, c'est trop d'honneur que vous me faites, et si j'avais su ça tantôt, je n'aurais pas manqué de les laver avec du son.

DOM JUAN : Et dites-moi un peu, belle Charlotte, vous n'êtes pas mariée sans doute ?

CHARLOTTE : Non, Monsieur ; mais je dois bientôt l'être avec Piarrot, le fils de la voisine Simonette.

DOM JUAN : Quoi ? une personne comme vous serait la femme d'un simple paysan ! Non, non : c'est profaner tant de beautés, et vous n'êtes pas née pour demeurer dans un village. Vous méritez sans doute une meilleure fortune, et le Ciel, qui le connaît bien, m'a conduit ici tout exprès pour empêcher ce mariage, et rendre justice à vos charmes ; car enfin, belle Charlotte, je vous aime de tout mon cœur, et il ne tiendra qu'à vous que je vous arrache de ce misérable lieu, et ne vous mette dans l'état où vous méritez d'être. Cet amour est bien prompt sans doute ; mais quoi ? c'est un effet, Charlotte, de votre grande beauté, et l'on vous aime autant en un quart d'heure qu'on ferait une autre en six mois.

CHARLOTTE : Aussi vrai, Monsieur, je ne sais comment faire quand vous parlez. Ce que vous dites me fait aise, et j'aurais toutes les envies du monde de vous croire ; mais on m'a toujou dit qu'il ne faut jamais croire les monsieux, et que vous autres courtisans être enjoleus, qui ne songez qu'à abuser les filles.

DOM JUAN : Je ne suis pas de ces gens-là.

SGANARELLE : Il n'a garde.

CHARLOTTE : Voyez-vous, Monsieur, il n'y a pas plaisir à se laisser abuser. Je suis une pauvre paysanne ; mais j'ai l'honneur en recommandation, et j'aimerais mieux me voir morte que de me voir déshonorée.

DOM JUAN : Moi, j'aurais l'âme assez méchante pour abuser une personne comme vous ? Je serais assez lâche pour vous déshonorer ? Non, non : j'ai trop de conscience pour cela. Je vous aime, Charlotte, en tout bien et en tout honneur ; et pour vous montrer que je vous dis vrai, sachez que je n'ai point d'autre dessein que de vous épouser : en voulez-vous un plus grand témoignage ? M'y voilà prêt quand vous voudrez ; et je prends à témoin l'homme que voilà de la parole que je vous donne.

SGANARELLE : Non, non, ne craignez point : il se mariera avec vous tant que vous voudrez.

DOM JUAN : Ah ! Charlotte, je vois bien que vous ne me connaissez pas encore. Vous me faites grand tort de juger de moi par les autres ; et s'il y a des fourbes dans le monde, des gens qui ne cherchent qu'à abuser des filles, vous devez me tirer du nombre, et ne pas mettre en doute la sincérité de ma foi. Et puis votre beauté vous assure de tout. Quand on est faite comme vous, on doit être à couvert de toutes ces sortes de crainte ; vous n'avez point l'air, croyez-moi, d'une personne qu'on abuse ; et pour moi, je l'avoue, je me percerais le cœur de mille coups, si j'avais eu la moindre pensée de vous trahir.

CHARLOTTE : Mon Dieu ! je ne sais si vous dites vrai, ou non ; mais vous faites que l'on vous croit.

DOM JUAN : Lorsque vous me croirez, vous me rendrez justice assurément, et je vous réitère encore la promesse que je vous ai faite. Ne l'acceptez-vous pas, et ne voulez-vous pas consentir à être ma femme ?

CHARLOTTE : Oui, pourvu que ma tante le veuille.

DOM JUAN : Touchez donc là, Charlotte, puisque vous le voulez bien de votre part.

CHARLOTTE : Mais au moins, Monsieur, ne m'allez pas tromper, je vous prie : il y aurait de la conscience à vous, et vous voyez comme j'y vais à la bonne foi.

DOM JUAN : Comment ? Il semble que vous doutiez encore de ma sincérité ! Voulez-vous que je fasse des serments épouvantables ? Que le Ciel...

CHARLOTTE : Mon Dieu, ne jurez point, je vous crois.

DOM JUAN : Donnez-moi donc un petit baiser pour gage de votre parole.

CHARLOTTE : Oh ! Monsieur, attendez que je soyons mariés, je vous prie ; après ça, je vous baiserai tant que vous voudrez.

DOM JUAN : Eh bien ! belle Charlotte, je veux tout ce que vous voulez ; abandonnez-moi seulement votre main, et souffrez que, par mille baisers, je lui exprime le ravissement où je suis...

SCÈNE III

DOM JUAN, SGANARELLE, PIERROT, CHARLOTTE

PIERROT, *se mettant entre deux et poussant Dom Juan :* Tout doucement, Monsieur, tenez-vous, s'il vous plaît. Vous vous échauffez trop, et vous pourriez gagner la purésie.

DOM JUAN, *repoussant rudement Pierrot :* Qui m'amène cet impertinent ?

PIERROT : Je vous dis qu'ou vous tegniez, et qu'ou ne caressiais point nos accordées.

DOM JUAN*continue de le repousser :* Ah ! que de bruit !

PIERROT : Jerniquenne ! ce n'est pas comme ça qu'il faut pousser les gens.

CHARLOTTE, *prenant Pierrot par le bras :* Et laisse-le faire aussi, Piarrot.

PIERROT : Quement ? que je le laisse faire ? Je ne veux pas, moi.

DOM JUAN : Ah !

PIERROT : Testiguenne ! parce qu'ous estes Monsieu, ous viendrez caresser nos femmes à notre barbe ? Allez-v's-en caresser les vôtres.

DOM JUAN : Heu ?

PIERROT : Heu. (*Dom Juan lui donne un soufflet.*) Testigué ! ne me frappez pas. (*Autre soufflet.*) Oh ! jernigué ! (*Autre soufflet.*) Palsanqué ! Morquenne ! ça n'est pas bian de battre les gens, et ce n'est pas là la récompense de v's avoir sauvé d'estre nayé.

CHARLOTTE : Piarrot, ne te fâche point.

PIERROT : Je me veux fâcher ; et t'es une vilaine, toi, d'endurer qu'on te cajole.

CHARLOTTE : Oh ! Piarrot, ce n'est pas ce que tu penses. Ce monsieur veut m'épouser, et tu ne dois pas te bouter en colère.

PIERROT : Quement ? Jerni ! Tu m'es promise.

CHARLOTTE : Ça n'y fait rien, Piarrot. Si tu m'aimes ne dois-tu pas estre bien aise que je devienne Madame ?

PIERROT : Jerniqué ! non. J'aime mieux te voir crevée que de te voir à un autre.

CHARLOTTE : Va, va, Piarrot, ne te mets point en peine : si je sis Madame, je te ferai gagner queuque chose, et tu apporteras du beurre et du fromage cheux nous.

PIERROT : Ventrequenne ! je gni en porterai jamais, quand tu m'en poyrais deux fois autant. Est-ce donc comme ça que t'écoutes ce qu'il te dit ? Morquenne ! si j'avais su ça tantost, je me serais bian gardé de le tirer de gliau, et je gli aurais baillé un bon coup d'aviron sur la teste.

DOM JUAN, *s'approchant de Pierrot pour le frapper :* Qu'est-ce que vous dites ?

PIERROT, *s'éloignant derrière Charlotte :* Jeniquenne ! je ne crains personne.

DOM JUAN *passe du côté où est Pierrot :* Attendez-moi un peu.

PIERROT *repasse de l'autre côté de Charlotte :* Je me moque de tout, moi.

DOM JUAN *court après Pierrot :* Voyons cela.

PIERROT *se sauve encore derrière Charlotte :* J'en avons bien vu d'autres.

DOM JUAN : Houais !

SGANARELLE : Eh ! Monsieur, laissez là ce pauvre

misérable. C'est conscience de le battre. Écoute, mon
pauvre garçon, retire-toi, et ne lui dis rien.

PIERROT *passe devant Sganarelle, et dit fièrement à
Dom Juan :* Je veux lui dire, moi.

DOM JUAN *lève la main pour donner un soufflet à Pierrot, qui baisse la tête et Sganarelle reçoit le soufflet :*
Ah ! je vous apprendrai.

SGANARELLE, *regardant Pierrot qui s'est baissé pour
éviter le soufflet :* Peste soit du maroufle !

DOM JUAN : Te voilà payé de ta charité.

PIERROT : Jarni ! je vas dire à sa tante tout ce
ménage-ci.

DOM JUAN : Enfin je m'en vais être le plus heureux de
tous les hommes, et je ne changerais pas mon bonheur à toutes les choses du monde. Que de plaisirs
quand vous serez ma femme ! et que...

SCÈNE IV

DOM JUAN, SGANARELLE, CHARLOTTE, MATHURINE

SGANARELLE, *apercevant Mathurine :* Ah ! ah !

MATHURINE, *à Dom Juan :* Monsieur, que faites-vous
donc là avec Charlotte ? Est-ce que vous lui parlez
d'amour aussi ?

DOM JUAN, *à Mathurine :* Non, au contraire, c'est elle
qui me témoignait une envie d'être ma femme, et je
lui répondais que j'étais engagé à vous.

CHARLOTTE : Qu'est-ce que donc c'est que vous veut
Mathurine ?

DOM JUAN, *à bas, à Charlotte :* Elle est jalouse de me
voir vous parler, et voudrait bien que l'épousasse ;
mais je lui dis que c'est vous que je veux.

MATHURINE : Quoi ? Charlotte...

DOM JUAN, *à bas, à Mathurine :* Tout ce que vous lui
direz sera inutile ; elle s'est mis cela dans la tête.

CHARLOTTE : Quement donc ! Mathurine...

DOM JUAN, *à bas, à Charlotte :* C'est en vain que vous lui parlerez ; vous ne lui ôterez point cette fantaisie.

MATHURINE : Est-ce que... ?

DOM JUAN, *à bas, à Mathurine :* Il n'y a pas moyen de lui faire entendre raison.

CHARLOTTE : Je voudrais...

DOM JUAN, *à bas, à Charlotte :* Elle est obstinée comme tous les diables.

MATHURINE : Vramant...

DOM JUAN, *bas, à Mathurine :* Ne lui dites rien, c'est une folle.

CHARLOTTE : Je pense...

DOM JUAN, *bas, à Charlotte :* Laissez-la là, c'est une extravagante.

MATHURINE : Non, non : il faut que je lui parle.

CHARLOTTE : Je veux voir un peu ses raisons.

MATHURINE : Quoi ?...

DOM JUAN, *bas, à Mathurine :* Je gage qu'elle va vous dire que je lui ai promis de l'épouser.

CHARLOTTE : Je...

DOM JUAN, *bas, à Charlotte :* Gageons qu'elle vous soutiendra que je lui ai donné parole de la prendre pour femme.

MATHURINE : Hola ! Charlotte, ça n'est pas bien de courir sur le marché des autres.

CHARLOTTE : Ça n'est pas honnête, Mathurine, d'être jalouse que Monsieur me parle.

MATHURINE : C'est moi que Monsieur a vue la première.

CHARLOTTE : S'il vous a vue la première, il m'a vue la seconde, et m'a promis de m'épouser.

DOM JUAN, *bas, à Mathurine :* Eh bien ! que vous ai-je dit ?

MATHURINE : Je vous baise les mains, c'est moi, et non pas vous, qu'il a promis d'épouser.

DOM JUAN, *bas, à Charlotte :* N'ai-je pas deviné ?

CHARLOTTE : A d'autres, je vous prie ; c'est moi, vous dis-je.

MATHURINE : Vous vous moquez des gens ; c'est moi, encore un coup.

CHARLOTTE : Le vlà qui est pour le dire, si je n'ai pas raison.

MATHURINE : Le vlà qui est pour me démentir, si je ne dis pas vrai.

CHARLOTTE : Est-ce, Monsieur, que vous lui avez promis de l'épouser ?

DOM JUAN, *bas, à Charlotte* : Vous vous raillez de moi.

MATHURINE : Est-il vrai, Monsieur, que vous lui avez donné parole d'être son mari ?

DOM JUAN, *bas, à Mathruine* : Pouvez-vous avoir cette pensée ?

CHARLOTTE : Vous voyez qu'al le soutient.

DOM JUAN, *bas, à Charlotte* : laissez-la faire.

MATHURINE : Vous êtes témoin comme al l'assure.

DOM JUAN, *bas, à Mathurine* : Laissez-la dire.

CHARLOTTE : Non, non : il faut savoir la vérité.

MATHURINE : Il est question de juger ça.

CHARLOTTE : Oui, Mathurine, je veux que Monsieur vous montre votre bec jaune.

MATHURINE : Oui, Charlotte, je veux que Monsieur vous rende un peu camuse.

CHARLOTTE : Monsieur, vuidez la querelle, s'il vous plaît.

MATHURINE : Mettez-nous d'accord, Monsieur.

CHARLOTTE, *à Mathurine* : Vous allez voir.

MATHURINE, *à Charlotte* : Vous allez voir vous-même.

CHARLOTTE, *à Dom Juan* : Dites.

MATHURINE, *à Dom Juan* : Parlez.

DOM JUAN, *embarrassé, leur dit à toutes deux* : Que voulez-vous que je dise ? Vous soutenez également toutes deux que je vous ai promis de vous prendre pour femmes. Est-ce que chacune de vous ne sait pas

ce qui en est, sans qu'il soit nécessaire que je
m'explique davantage ? Pourquoi m'obliger là-dessus à des redites ? Celle à qui j'ai promis effective-
ment n'a-t-elle pas en elle-même de quoi se moquer
des discours de l'autre, et doit-elle se mettre en
peine, pourvu que j'accomplisse ma promesse ? Tous
les discours n'avancent point les choses ; il faut faire
et non pas dire, et les effets décident mieux que les
paroles. Aussi n'est-ce rien que par-là que je vous
veux mettre d'accord, et l'on verra, quand je me
marierai, laquelle des deux a mon cœur. (*Bas, à
Mathurine* :) Laissez-lui croire ce qu'elle voudra.
(*Bas, à Charlotte* :) Laissez-la se flatter dans son ima-
gination. (*Bas, à Mathurine* :) Je vous adore. (*Bas, à
Charlotte* :) Je suis tout à vous. (*Bas, à Mathurine* :)
Tous les visages sont laids auprès du vôtre. (*Bas, à
Charlotte* :) On ne peut plus souffrir les autres quand
on vous a vue. J'ai un petit ordre à donner ; je viens
vous retrouver dans un quart d'heure.

CHARLOTTE, *à Mathurine* : Je suis celle qu'il aime, au
moins.

MATHURINE : C'est moi qu'il épousera.

SGANARELLE : Ah ! pauvres filles que vous êtes, j'ai
pitié de votre innocence, et je ne puis souffrir de vous
voir courir à votre malheur. Croyez-moi l'une et
l'autre : ne vous amusez point à tous les contes qu'on
vous fait, et demeurez dans votre village.

DOM JUAN, *revenant* : Je voudrais bien savoir pourquoi Sganarelle ne me suit pas.

SGANARELLE : Mon maître est un fourbe ; il n'a dessein que de vous abuser, et en a bien abusé d'autres ;
c'est l'épouseur du genre humain, et... (*Il aperçoit
Dom Juan.*) Cela est faux ; et quiconque vous dira
cela, vous lui devez dire qu'il en a menti. Mon maître
n'est point l'épouseur du genre humain, il n'est point
fourbe, il n'a pas dessein de vous tromper, et n'en a
point abusé d'autres. Ah ! tenez, le voilà ; deman-
dez-le plutôt à lui-même.

DOM JUAN : Oui.

SGANARELLE : Monsieur, comme le monde est plein de médisants, je vais au-devant des choses ; et je leur disais que, si quelqu'un leur venait dire du mal de vous, elles se gardassent bien de le croire, et ne manquassent pas de lui dire qu'il en aurait menti.

DOM JUAN : Sganarelle.

SGANARELLE : Oui, Monsieur est homme d'honneur, je le garantis tel.

DOM JUAN : Hon !

SGANARELLE : Ce sont des impertinents.

SCÈNE V

DOM JUAN, LA RAMÉE, CHARLOTTE, MATHURINE,
SGANARELLE

LA RAMÉE : Monsieur, je viens vous avertir qu'il ne fait pas bon ici pour vous.

DOM JUAN : Comment ?

LA RAMÉE : Douze hommes à cheval vous cherchent, qui doivent arriver ici dans un moment ; je ne sais pas par quel moyen ils peuvent vous avoir suivi ; mais j'ai appris cette nouvelle d'un paysan qu'ils ont interrogé, et auquel ils vous ont dépeint. L'affaire presse, et le plus tôt que vous pourrez sortir d'ici sera le meilleur.

DOM JUAN, à Charlotte et Mathurine : Une affaire pressante m'oblige de partir d'ici ; mais je vous prie de vous ressouvenir de la parole que je vous ai donnée, et de croire que vous aurez de mes nouvelles avant qu'il soit demain au soir. Comme la partie n'est pas égale, il faut user de stratagème, et éluder adroitement qui me cherche. Je veux que Sganarelle se revête de mes habits, et moi...

SGANARELLE : Monsieur, vous vous moquez. M'exposer à être tué sous vos habits, et...

DOM JUAN : Allons vite, c'est trop d'honneur que je vous fais, et bien heureux est le valet qui peut avoir la gloire de mourir pour son maître.

SGANARELLE : Je vous remercie d'un tel honneur. Ô Ciel, puisqu'il s'agit de mort, fais-moi la grâce de n'être point pris pour un autre !

ACTE III

SCÈNE PREMIÈRE

DOM JUAN, *en habit de campagne*, SGANARELLE, *en médecin.*

SGANARELLE : Ma foi, Monsieur, avouez que j'ai eu raison, et que nous voilà l'un et l'autre déguisés à merveille. Votre premier dessein n'était point du tout à propos, et ceci nous cache bien mieux que tout ce que vous vouliez faire.

DOM JUAN : Il est vrai que te voilà bien, et je ne sais où tu as été déterrer cet attirail ridicule.

SGANARELLE : Oui ? C'est l'habit d'un vieux médecin, qui a été laissé en gage au lieu où je l'ai pris, et il m'en a coûté de l'argent pour l'avoir. Mais savez-vous, Monsieur, que cet habit me met déjà en considération, que je suis salué des gens que je rencontre, et que l'on me vient consulter ainsi qu'un habile homme ?

DOM JUAN : Comment donc ?

SGANARELLE : Cinq ou six paysans et paysannes, en me voyant passer, me sont venus demander mon avis sur différentes maladies.

DOM JUAN : Tu leur as répondu que tu n'y entendais rien ?

SGANARELLE : Moi ? Point du tout. J'ai voulu soutenir l'honneur de mon habit : j'ai raisonné sur le mal, et leur ai fait des ordonnances à chacun.

DOM JUAN : Et quels remèdes encore leur as-tu ordon-
nés ?

SGANARELLE : Ma foi ! Monsieur, j'en ai pris par où
j'en ai pu attraper ; j'ai fait mes ordonnances à l'aven-
ture, et ce serait une chose plaisante si les malades
guérissaient, et qu'on m'en vînt remercier.

DOM JUAN : Et pourquoi non ? Par quelle raison
n'aurais-tu pas les mêmes privilèges qu'ont tous les
autres médecins ? Ils n'ont pas plus de part que toi aux
guérisons des malades, et tout leur art est pure grimace. Ils ne font rien que recevoir la gloire des heureux
succès, et tu peux profiter comme eux du bonheur du
malade, et voir attribuer à tes remèdes tout ce qui peut
venir des faveurs du hasard et des forces de la nature.

SGANARELLE : Comment, Monsieur, vous êtes aussi
impie en médecine ?

DOM JUAN : C'est une des grandes erreurs qui soit
parmi les hommes.

SGANARELLE : Quoi ? vous ne croyez pas au séné, ni à
la casse, ni au vin émétique ?

DOM JUAN : Et pourquoi veux-tu que j'y croie ?

SGANARELLE : Vous avez l'âme bien mécréante. Cependant vous voyez, depuis un temps, que le vin émétique
fait bruire ses fuseaux. Ses miracles ont converti les
plus incrédules esprits, et il n'y a pas trois semaines que
j'en ai vu, moi qui vous parle, un effet merveilleux.

DOM JUAN : Et quel ?

SGANARELLE : Il y avait un homme qui, depuis six
jours, était à l'agonie ; on ne savait plus que lui ordonner, et tous les remèdes ne faisaient rien ; on s'avisa à la
fin de lui donner de l'émétique.

DOM JUAN : Il réchappa, n'est-ce pas ?

SGANARELLE : Non, il mourut.

DOM JUAN : L'effet est admirable.

SGANARELLE : Comment ? il y avait six jours entiers
qu'il ne pouvait mourir, et cela le fit mourir tout d'un
coup. Voulez-vous rien de plus efficace ?

DOM JUAN : Tu as raison.

SGANARELLE : Mais laissons là la médecine, où vous ne croyez point, et parlons des autres choses, car cet habit me donne de l'esprit, et je me sens en humeur de disputer contre vous : vous savez bien que vous me permettez les disputes, et que vous ne me défendez que les remontrances.

DOM JUAN : Eh bien ?

SGANARELLE : Je veux savoir un peu vos pensées à fond. Est-il possible que vous ne croyiez point du tout au Ciel ?

DOM JUAN : Laissons cela.

SGANARELLE : C'est-à-dire que non. Et à l'Enfer ?

DOM JUAN : Eh !

SGANARELLE : Tout de même. Et au diable, s'il vous plaît ?

DOM JUAN : Oui, oui.

SGANARELLE : Aussi peu. Ne croyez-vous point l'autre vie ?

DOM JUAN : Ah ! ah ! ah !

SGANARELLE : Voilà un homme que j'aurai bien de la peine à convertir. Et dites-moi un peu, le Moine-Bourru, qu'en croyez-vous, eh !

DOM JUAN : La peste soit du fat !

SGANARELLE : Et voilà ce que je ne puis souffrir, car il n'y a rien de plus vrai que le Moine-Bourru, et je me ferais pendre pour celui-là. Mais encore faut-il croire quelque chose dans le monde : qu'est-ce donc que vous croyez ?

DOM JUAN : Ce que je crois ?

SGANARELLE : Oui.

DOM JUAN : Je crois que deux et deux sont quatre, Sganarelle, et que quatre et quatre sont huit.

SGANARELLE : La belle croyance et les beaux articles de foi que voici ! Votre religion, à ce que je vois, est donc l'arithmétique ? Il faut avouer qu'il se met d'étranges folies dans la tête des hommes, et que pour

avoir bien étudié on en est bien moins sage le plus
souvent. Pour moi, Monsieur, je n'ai point étudié
comme vous, Dieu merci, et personne ne saurait se
vanter de m'avoir jamais rien appris ; mais avec mon
petit sens et mon petit jugement, je vois les choses
mieux que tous les livres, et je comprends fort bien que
ce monde que nous voyons n'est pas un champignon,
qui soit venu tout seul en une nuit. Je voudrais bien
vous demander qui a fait ces arbres-là, ces rochers,
cette terre, et ce ciel que voilà là-haut, et si tout cela
s'est bâti de lui-même. Vous voilà vous, par exemple,
vous êtes là : est-ce que vous vous êtes fait tout seul, et
n'a-t-il pas fallu votre père ait engrossé votre mère pour
vous faire ? Pouvez-vous voir toutes ces inventions dont
la machine de l'homme est composée sans admirer de
quelle façon cela est agencé l'un dans l'autre : ces nerfs,
ces os, ces veines, ces artères, ces... ce poumon, ce
cœur, ce foie, et tous ces autres ingrédients qui sont là,
et qui... Ah ! dame, interrompez-moi donc si vous voulez : je ne saurais disputer si l'on ne m'interrompt ; vous
vous taisez exprès et me laissez parler par belle malice.

DOM JUAN : J'attends que ton raisonnement soit fini.

SGANARELLE : Mon raisonnement est qu'il y a quelque
chose d'admirable dans l'homme, quoi que vous puissiez dire, que tous les savants ne sauraient expliquer.
Cela n'est-il pas merveilleux que me voilà ici, et que j'aie
quelque chose dans la tête qui pense cent choses différentes en un moment, et fait de mon corps tout ce
qu'elle veut ? Je veux frapper des mains, hausser le
bras, lever les yeux au ciel, baisser la tête, remuer les
pieds, aller à droit, à gauche, en avant, en arrière,
tourner...

Il se laisse tomber en tournant.

DOM JUAN : Bon ! voilà ton raisonnement qui a le nez
cassé.

SGANARELLE : Morbleu ! je suis bien sot de m'amuser à

raisonner avec vous. Croyez ce que vous voudrez : il m'importe bien que vous soyez damné !

DOM JUAN : Mais tout en raisonnant, je crois que nous sommes égarés. Appelle un peu cet homme que voilà là-bas, pour lui demander le chemin.

SGANARELLE : Holà ! ho, l'homme ! ho, mon compère ! ho, l'ami ! un petit mot s'il vous plaît.

SCÈNE II

DOM JUAN, SGANARELLE, UN PAUVRE

SGANARELLE : Enseignez-nous un peu le chemin qui mène à la ville.

LE PAUVRE : Vous n'avez qu'à suivre cette route, Messieurs, et détourner à main droite quand vous serez au bout de la forêt. Mais je vous donne avis que vous devez vous tenir sur vos gardes, et que depuis quelque temps il y a des voleurs ici autour.

DOM JUAN : Je te suis bien obligé, mon ami, et je te rends grâce de tout mon cœur.

LE PAUVRE : Si vous vouliez, Monsieur, me secourir de quelque aumône ?

DOM JUAN : Ah ! ah ! ton avis est intéressé, à ce que je vois.

LE PAUVRE : Je suis un pauvre homme, Monsieur, retiré tout seul dans ce bois depuis dix ans, et je ne manquerai pas de prier le Ciel qu'il vous donne toute sorte de biens.

DOM JUAN : Eh ! prie-le qu'il te donne un habit, sans te mettre en peine des affaires des autres.

SGANARELLE : Vous ne connaissez pas Monsieur, bonhomme ; il ne croit qu'en deux et deux sont quatre et en quatre et quatre sont huit.

DOM JUAN : Quelle est ton occupation parmi ces arbres ?

LE PAUVRE : De prier le Ciel tout le jour pour la prospérité des gens de bien qui me donnent quelque chose.

DOM JUAN : Il ne se peut donc pas que tu ne sois bien à ton aise ?

LE PAUVRE : Hélas ! Monsieur, je suis dans la plus grande nécessité du monde.

DOM JUAN : Tu te moques : un homme qui prie le Ciel tout le jour ne peut pas manquer d'être bien dans ses affaires.

LE PAUVRE : Je vous assure, Monsieur, que le plus souvent je n'ai pas un morceau de pain à mettre sous les dents.

DOM JUAN : Voilà qui est étrange, et tu es bien mal reconnu de tes soins. Ah ! ah ! je m'en vais te donner un louis d'or tout à l'heure, pourvu que tu veuilles jurer.

LE PAUVRE : Ah ! Monsieur, voudriez-vous que je commisse un tel péché ?

DOM JUAN : Tu n'as qu'à voir si tu veux gagner un louis d'or ou non. En voici un que je te donne, si tu jures ; tiens, il faut jurer.

LE PAUVRE : Monsieur !

DOM JUAN : A moins de cela, tu ne l'auras pas.

SGANARELLE : Va, va, jure un peu, il n'y a pas de mal.

DOM JUAN : Prends, le voilà ; prends, te dis-je, mais jure donc.

LE PAUVRE : Non, Monsieur, j'aime mieux mourir de faim.

DOM JUAN : Va, va, je te le donne pour l'amour de l'humanité. Mais que vois-je là ? un homme attaqué par trois autres ? La partie est trop inégale, et je ne dois pas souffrir cette lâcheté.

Il court au lieu du combat.

SCÈNE III

DOM JUAN, DOM CARLOS, SGANARELLE

SGANARELLE : Mon maître est un vrai enragé d'aller se présenter à un péril qui ne le cherche pas ; mais, ma foi ! le secours a servi, et les deux ont fait fuir les trois.

DOM CARLOS, *l'épée à la main* : On voit, par la fuite de ces voleurs, de quel secours est votre bras. Souffrez, Monsieur, que je vous rende grâce d'une action si généreuse, et que...

DOM JUAN, *revenant l'épée à la main* : Je n'ai rien fait, Monsieur, que vous n'eussiez fait en ma place. Notre propre honneur est intéressé dans de pareilles aventures, et l'action de ces coquins était si lâche que c'eût été y prendre part que de ne s'y pas opposer. Mais par quelle rencontre vous êtes-vous trouvé entre leurs mains ?

DOM CARLOS : Je m'étais par hasard égaré d'un frère et de tous ceux de notre suite ; et comme je cherchais à les rejoindre, j'ai fait rencontre de ces voleurs, qui d'abord ont tué mon cheval, et qui, sans votre valeur, en auraient fait autant de moi.

DOM JUAN : Votre dessein est-il d'aller du côté de la ville ?

DOM CARLOS : Oui, mais sans y vouloir entrer ; et nous nous voyons obligés, mon frère et moi, à tenir la campagne pour une de ces fâcheuses affaires qui réduisent les gentilshommes à se sacrifier, eux et leur famille, à la sévérité de leur honneur, puisque enfin le plus doux succès en est toujours funeste, et que, si l'on ne quitte pas la vie, on est contraint de quitter le Royaume ; et c'est en quoi je trouve la condition d'un gentilhomme malheureuse, de ne pouvoir point s'assurer sur toute la prudence et toute l'honnêteté de sa conduite, d'être asservi par les lois de l'honneur au dérèglement de la conduite d'autrui, et de voir sa vie, son repos et ses biens dépendre de la fantaisie du premier téméraire qui s'avisera de lui faire une de ces injures pour qui un honnête homme doit périr.

DOM JUAN : On a cet avantage, qu'on fait courir le même risque et passer aussi mal le temps à ceux qui prennent fantaisie de nous venir faire une offense de gaieté de cœur. Mais ne serait-ce point une indiscrétion que de vous demander quelle peut être votre affaire ?

DOM CARLOS : La chose en est aux termes de n'en plus faire de secret, et lorsque l'injure a une fois éclaté, notre honneur ne va point à vouloir cacher notre honte, mais à faire éclater notre vengeance, et à publier même le dessein que nous en avons. Ainsi, Monsieur, je ne feindrai point de vous dire que l'offense que nous cherchons à venger est une sœur séduite et enlevée d'un couvent, et que l'auteur de cette offense est un Dom Juan Tenorio, fils de Dom Louis Tenorio. Nous le cherchons depuis quelques jours, et nous l'avons suivi ce matin sur le rapport d'un valet qui nous a dit qu'il sortait à cheval, accompagné de quatre ou cinq, et qu'il avait pris le long de cette côte ; mais tous nos soins ont été inutiles, et nous n'avons pu découvrir ce qu'il est devenu.

DOM JUAN : Le connaissez-vous, Monsieur, ce Dom Juan dont vous parlez ?

DOM CARLOS : Non, quant à moi. Je ne l'ai jamais vu, et je l'ai seulement ouï dépeindre à mon frère ; mais la renommée n'en dit pas force bien, et c'est un homme dont la vie...

DOM JUAN : Arrêtez, Monsieur, s'il vous plaît. Il est un peu de mes amis, et ce serait à moi une espèce de lâcheté que d'en ouïr dire du mal.

DOM CARLOS : Pour l'amour de vous, Monsieur, je n'en

dirai rien du tout, et c'est bien la moindre chose que je vous doive, après m'avoir sauvé la vie, que de me taire devant vous d'une personne que vous connaissez, lorsque je ne puis en parler sans en dire du mal ; mais, quelque ami que vous lui soyez, j'ose espérer que vous n'approuverez pas son action, et ne trouverez pas étrange que nous cherchions d'en prendre la vengeance.

DOM JUAN : Au contraire, je vous y veux servir, et vous épargner des soins inutiles. Je suis ami de Dom Juan, je ne puis pas m'en empêcher ; mais il n'est pas raisonnable qu'il offense impunément des gentilshommes, et je m'engage à vous faire faire raison par lui.

DOM CARLOS : Et quelle raison peut-on faire à ces sortes d'injures ?

DOM JUAN : Toute celle que votre honneur peut souhaiter ; et, sans vous donner la peine de chercher Dom Juan davantage, je m'oblige à le faire trouver au lieu que vous voudrez, et quand il vous plaira.

DOM CARLOS : Cet espoir est bien doux, Monsieur, à des cœurs offensés ; mais, après ce que je vous dois, ce me serait une trop sensible douleur que vous fussiez de la partie.

DOM JUAN : Je suis si attaché à Dom Juan qu'il ne saurait se battre que je ne me batte aussi ; mais enfin j'en réponds comme de moi-même, et vous n'avez qu'à dire quand vous voulez qu'il paraisse et vous donne satisfaction.

DOM CARLOS : Que ma destinée est cruelle ! Faut-il que je vous doive la vie, et que Dom Juan soit de vos amis ?

SCÈNE IV

DOM ALONSE, *et trois Suivants*,
DOM CARLOS, DOM JUAN, SGANARELLE

DOM ALONSE : Faites boire là mes chevaux, et qu'on les amène après nous ; je veux un peu marcher à pied. Ô

Ciel ! que vois-je ici ! Quoi ? mon frère, vous voilà avec notre ennemi mortel ?

DOM CARLOS : Notre ennemi mortel ?

DOM JUAN : *se reculant de trois pas et mettant fièrement la main sur la garde de son épée* : Oui, je suis Dom Juan moi-même, et l'avantage du nombre ne m'obligera pas à vouloir déguiser mon nom.

DOM ALONSE : Ah ! traître, il faut que tu périsses, et...

DOM CARLOS : Ah ! mon frère, arrêtez. Je lui suis redevable de la vie ; et sans le secours de son bras, j'aurais été tué par des voleurs que j'ai trouvés.

DOM ALONSE : Et voulez-vous que cette considération empêche notre vengeance ? Tous les services que nous rend une main ennemie ne sont d'aucun mérite pour engager notre âme ; et s'il faut mesurer l'obligation à l'injure, votre reconnaissance, mon frère, est ici ridicule ; et comme l'honneur est infiniment plus précieux que la vie, c'est ne devoir rien proprement que d'être redevable de la vie à qui nous a ôté l'honneur.

DOM CARLOS : Je sais la différence, mon frère, qu'un gentilhomme doit toujours mettre entre l'un et l'autre, et la reconnaissance de l'obligation n'efface point en moi le ressentiment de l'injure ; mais souffrez que je lui rende ici ce qu'il m'a prêté, que je m'acquitte sur-le-champ de la vie que je lui dois, par un délai de notre vengeance, et lui laisse la liberté de jouir, durant quelques jours, du fruit de son bienfait.

DOM ALONSE : Non, non, c'est hasarder notre vengeance que de la reculer et l'occasion de la prendre peut ne plus revenir. Le Ciel nous l'offre ici, c'est à nous d'en profiter. Lorsque l'honneur est blessé mortellement, on ne doit point songer à garder aucunes mesures ; et si vous répugnez à prêter votre bras à cette action, vous n'avez qu'à vous retirer et laisser à ma main la gloire d'un tel sacrifice.

DOM CARLOS : De grâce, mon frère...

DOM ALONSE : Tous ces discours sont superflus : il faut qu'il meure.

DOM CARLOS : Arrêtez-vous, dis-je, mon frère. Je ne souffrirai point du tout qu'on attaque ses jours, et je jure le Ciel que je le défendrai ici contre qui que ce soit, et je saurai lui faire un rempart de cette même vie qu'il a sauvée ; et pour adresser vos coups, il faudra que vous me perciez.

DOM ALONSE : Quoi ? vous prenez le parti de notre ennemi contre moi ; et loin d'être saisi à son aspect des mêmes transports que je sens, vous faites voir pour lui des sentiments pleins de douceur ?

DOM CARLOS : Mon frère, montrons de la modération dans une action légitime, et ne vengeons point notre honneur avec cet emportement que vous témoignez. Ayons du cœur dont nous soyons les maîtres, une valeur qui n'ait rien de farouche, et qui se porte aux choses par une pure délibération de notre raison, et non point par le mouvement d'une aveugle colère. Je ne veux point, mon frère, demeurer redevable à mon ennemi, et je lui ai une obligation dont il faut que je m'acquitte avant toute chose. Notre vengeance, pour être différée, n'en sera pas moins éclatante : au contraire, elle en tirera de l'avantage ; et cette occasion de l'avoir pu prendre la fera paraître plus juste aux yeux de tout le monde.

DOM ALONSE : Ô l'étrange faiblesse, et l'aveuglement effroyable d'hasarder ainsi les intérêts de son honneur pour la ridicule pensée d'une obligation chimérique !

DOM CARLOS : Non, mon frère, ne vous mettez pas en peine. Si je fais une faute, je saurai bien la réparer, et je me charge de tout le soin de notre honneur ; je sais à quoi il nous oblige, et cette suspension d'un jour, que ma reconnaissance lui demande, ne fera qu'augmenter l'ardeur que j'ai de le satisfaire. Dom Juan, vous voyez que j'ai soin de vous rendre le bien que j'ai reçu de vous, et vous devez par là juger du reste, croire que je m'acquitte avec même chaleur de ce que je dois, et que je ne serais pas moins exact à vous payer l'injure que le bienfait. Je ne veux point vous obliger ici à expliquer vos sentiments, et je vous donne la liberté de penser à loisir aux résolutions que vous avez à prendre. Vous connaissez assez la grandeur de l'offense que vous nous avez faite, et je vous fais juge vous-même des réparations qu'elle demande. Il est des moyens doux pour nous satisfaire ; il en est de violents et de sanglants ; mais enfin, quelque choix que vous fassiez, vous m'avez donné parole de me faire faire raison par Dom Juan : songez à me la faire, je vous prie, et vous ressouvenez que, hors d'ici, je ne dois plus qu'à mon honneur.

DOM JUANS : je n'ai rien exigé de vous, et vous tiendrai ce que j'ai promis.

DOM CARLOS : Allons, mon frère : un moment de douceur ne fait aucune injure à la sévérité de notre devoir.

SCÈNE V

DOM JUAN, SGANARELLE

DOM JUAN : Holà, hé, Sganarelle !

SGANARELLE : Plaît-il ?

DOM JUAN : Comment ? coquin, tu fuis quand on m'attaque ?

SGANARELLE : Pardonnez-moi, Monsieur ; je viens seulement d'ici près. Je crois que cet habit est purgatif, et que c'est prendre médecine que de le porter.

DOM JUAN : Peste soit l'insolent ! Couvre au moins ta poltronnerie d'un voile plus honnête. Sais-tu bien qui est celui à qui j'ai sauvé la vie ?

SGANARELLE : Moi ? Non.

DOM JUAN : C'est un frère d'Elvire.

SGANARELLE : Un...

DOM JUAN : Il est assez honnête homme, il en a bien usé, et j'ai regret d'avoir démêlé avec lui.

SGANARELLE : Il vous serait aisé de pacifier toutes choses.

DOM JUAN : Oui ; mais ma passion est usée pour Done Elvire, et l'engagement ne compatit point avec mon humeur. J'aime la liberté en amour, tu le sais, et je ne saurais me résoudre à renfermer mon cœur entre quatre murailles. Je te l'ai dit vingt fois, j'ai une pente naturelle à me laisser aller à tout ce qui m'attire. Mon cœur est à toutes les belles, et c'est à elles à le prendre tour à tour et à le garder tant qu'elles le pourront. Mais quel est le superbe édifice que je vois entre ces arbres ?

SGANARELLE : Vous ne le savez pas ?

DOM JUAN : Non, vraiment.

SGANARELLE : Bon ! c'est le tombeau que le Commandeur faisait faire lorsque vous le tuâtes.

DOM JUAN : Ah ! tu as raison. Je ne savais pas que c'était de ce côté-ci qu'il était. Tout le monde m'a dit des merveilles de cet ouvrage, aussi bien que de la statue du Commandeur, et j'ai envie de l'aller voir.

SGANARELLE : Monsieur, n'allez point là.

DOM JUAN : Pourquoi ?

SGANARELLE : Cela n'est pas civil, d'aller voir un homme que vous avez tué.

DOM JUAN : Au contraire, c'est une visite dont je lui veux faire civilité, et qu'il doit recevoir de bonne grâce, s'il est galant homme. Allons, entrons dedans.

Le tombeau s'ouvre, où l'on voit un superbe mausolée et la statue du Commandeur.

SGANARELLE : Ah ! que cela est beau ! Les belles statues ! le beau marbre ! les beaux piliers ! Ah ! que cela est beau ! Qu'en dites-vous, Monsieur ?

DOM JUAN : Qu'on ne peut voir aller plus loin l'ambition d'un homme mort ; et ce que je trouve admirable, c'est qu'un homme qui s'est passé, durant sa vie, d'une assez simple demeure, en veuille avoir une si magnifique pour quand il n'en a plus que faire.

SGANARELLE : Voici la statue du Commandeur.

DOM JUAN : Parbleu ! le voilà bon, avec son habit d'empereur romain !

SGANARELLE : Ma foi, Monsieur, voilà qui est bien fait. Il semble qu'il est en vie, et qu'il s'en va parler. Il jette des regards sur nous qui me feraient peur, si j'étais tout seul, et je pense qu'il ne prend pas plaisir de nous voir.

DOM JUAN : Il aurait tort, et ce serait mal recevoir l'honneur que je lui fais. Demande-lui s'il veut venir souper avec moi.

SGANARELLE : C'est une chose dont il n'a pas besoin, je crois.

DOM JUAN : Demande-lui, te dis-je.

SGANARELLE : Vous moquez-vous ? Ce serait être fou que d'aller parler à une statue.

DOM JUAN : Fais ce que je te dis.

SGANARELLE : Quelle bizarrerie ! Seigneur Commandeur... je ris de ma sottise, mais c'est mon maître qui me la fait faire. Seigneur Commandeur, mon maître Dom Juan vous demande si vous voulez lui faire l'honneur de venir souper avec lui. (*La Statue baisse la tête.*) Ha !

DOM JUAN : Qu'est-ce ? qu'as-tu ? Dis donc, veux-tu parler ?

SGANARELLE *fait le même signe que lui a fait la Statue et baisse la tête :* La Statue...

DOM JUAN : Eh bien ! que veux-tu dire, traître ?

SGANARELLE : Je vous dis que la Statue...

DOM JUAN : Eh bien ! la Statue ? je t'assomme, si tu ne parles.

SGANARELLE : La Statue m'a fait signe.

DOM JUAN : La peste le coquin !

SGANARELLE : Elle m'a fait signe, vous dis-je : il n'est rien de plus vrai. Allez-vous-en lui parler vous-même pour voir. Peut-être...

DOM JUAN : Viens, maraud, viens, je te veux bien faire toucher au doigt ta poltronnerie. Prends garde. Le Seigneur Commandeur voudrait-il venir souper avec moi ?

La Statue baisse encore la tête.

SGANARELLE : Je ne voudrais pas en tenir dix pistoles. Eh bien ! Monsieur ?

DOM JUAN : Allons, sortons d'ici.

SGANARELLE : Voilà de mes esprits forts, qui ne veulent rien croire.

ACTE IV

SCÈNE PREMIÈRE

DOM JUAN, SGANARELLE

DOM JUAN : Quoi qu'il en soit, laissons cela : c'est une bagatelle, et nous pouvons avoir été trompés par un faux jour, ou surpris de quelque vapeur qui nous ait troublé la vue.

SGANARELLE : Eh ! Monsieur, ne cherchez point à démentir ce que nous avons vu des yeux que voilà. Il n'est rien de plus véritable que ce signe de tête ; et je ne doute point que le Ciel, scandalisé de votre vie, n'ait produit ce miracle pour vous convaincre, et pour vous retirer de...

DOM JUAN : Écoute. Si tu m'importunes davantage de tes sottes moralités, si tu me dis encore le moindre mot là-dessus, je vais appeler quelqu'un, demander un nerf de bœuf, te faire tenir par trois ou quatre, et te rouer de mille coups. M'entends-tu bien ?

SGANARELLE : Fort bien, Monsieur, le mieux du monde. Vous vous expliquez clairement ; c'est ce qu'il y a de bon en vous, que vous n'allez point chercher de détours : vous dites les choses avec une netteté admirable.

DOM JUAN : Allons, qu'on me fasse souper le plus tôt que l'on pourra. Une chaise, petit garçon.

SCÈNE II

DOM JUAN, LA VIOLETTE, SGANARELLE

LA VIOLETTE : Monsieur, voilà votre marchand, M. Dimanche, qui demande à vous parler.

SGANARELLE : Bon, voilà ce qu'il nous faut, qu'un compliment de créancier. De quoi s'avise-t-il de nous venir demander de l'argent, et que ne lui disais-tu que Monsieur n'y est pas ?

LA VIOLETTE : Il y a trois quarts d'heure que je lui dis ; mais il ne veut pas le croire, et s'est assis là-dedans pour attendre.

SGANARELLE : Qu'il attende, tant qu'il voudra.

DOM JUAN : Non, au contraire, faites-le entrer. C'est une fort mauvaise politique que de se faire celer aux créanciers. Il est bon de les payer de quelque chose, et j'ai le secret de les renvoyer satisfaits sans leur donner un double.

SCÈNE III

DOM JUAN, M. DIMANCHE, SGANARELLE, SUITE

DOM JUAN, *faisant de grandes civilités* : Ah ! Monsieur Dimanche, approchez. Que je suis ravi de vous voir, et que je veux de mal à mes gens de ne vous pas faire entrer d'abord ! J'avais donné ordre qu'on ne me fît parler personne ; mais cet ordre n'est pas pour vous, et vous êtes en droit de ne trouver jamais de porte fermée chez moi.

M. DIMANCHE : Monsieur, je vous suis fort obligé.

DOM JUAN, *parlant à ses laquais* : Parbleu ! coquins, je vous apprendrai à laisser M. Dimanche dans une anti-chambre, et je vous ferai connaître les gens.

M. DIMANCHE : Monsieur, cela n'est rien.

DOM JUAN : Comment ? vous dire que je n'y suis pas, à M. Dimanche, au meilleur de mes amis ?

M. DIMANCHE : Monsieur, je suis votre serviteur. J'étais venu...

DOM JUAN : Allons vite, un siège pour M. Dimanche.

M. DIMANCHE : Monsieur, je suis bien comme cela.

DOM JUAN : Point, point, je veux que vous soyez assis contre moi.

M. DIMANCHE : Cela n'est point nécessaire.

DOM JUAN : Otez ce pliant, et apportez un fauteuil.

M. DIMANCHE : Monsieur, vous vous moquez, et...

DOM JUAN : Non, non, je sais ce que je vous dois, et je ne veux point qu'on mette de différence entre nous deux.

M. DIMANCHE : Monsieur...

DOM JUAN : Allons, asseyez-vous.

M. DIMANCHE : Il n'est pas besoin, Monsieur, et je n'ai qu'un mot à vous dire. J'étais...

DOM JUAN : Mettez-vous là, vous dis-je.

M. DIMANCHE : Non, Monsieur, je suis bien. Je viens pour...

DOM JUAN : Non, je ne vous écoute point si vous n'êtes assis.

M. DIMANCHE : Monsieur, je fais ce que vous voulez. Je...

DOM JUAN : Parbleu ! Monsieur Dimanche, vous vous portez bien.

M. DIMANCHE : Oui, Monsieur, pour vous rendre service. Je suis venu...

DOM JUAN : Vous avez un fonds de santé admirable, des lèvres fraîches, un teint vermeil, et des yeux vifs.

M. DIMANCHE : Je voudrais bien...

DOM JUAN : Comment se porte Madame Dimanche, votre épouse ?

M. DIMANCHE : Fort bien, Monsieur, Dieu merci.

DOM JUAN : C'est une brave femme.

M. DIMANCHE : Elle est votre servante, Monsieur. Je venais...

DOM JUAN : Et votre petite fille Claudine, comment se porte-t-elle ?

M. DIMANCHE : Le mieux du monde.

DOM JUAN : La jolie petite fille que c'est ! je l'aime de tout mon cœur.

M. DIMANCHE : C'est trop d'honneur que vous lui faites, Monsieur. Je vous...

DOM JUAN : Et le petit Colin, fait-il toujours bien du bruit avec son tambour ?

M. DIMANCHE : Toujours de même, Monsieur. Je...

DOM JUAN : Et votre petit chien Brusquet ? gronde-t-il toujours aussi fort, et mord-il toujours bien aux jambes les gens qui vont chez vous ?

M. DIMANCHE : Plus que jamais, Monsieur, et nous ne saurions en chevir.

DOM JUAN : Ne vous étonnez pas si je m'informe des nouvelles de toute la famille, car j'y prends beaucoup d'intérêt.

M. DIMANCHE : Nous vous sommes, Monsieur, infiniment obligés. Je...

DOM JUAN, *lui tendant la main :* Touchez donc là, Monsieur Dimanche. Êtes-vous bien de mes amis ?

M. DIMANCHE : Monsieur, je suis votre serviteur.

DOM JUAN : Parbleu ! je suis à vous de tout mon cœur.

M. DIMANCHE : Vous m'honorez trop. Je...

DOM JUAN : Il n'y a rien que je ne fisse pour vous.

M. DIMANCHE : Monsieur, vous avez trop de bonté pour moi.

DOM JUAN : Et cela sans intérêt, je vous prie de le croire.

M. DIMANCHE : Je n'ai point mérité cette grâce assurément. Mais, Monsieur...

DOM JUAN : Oh ! çà, Monsieur Dimanche, sans façon, voulez-vous souper avec moi ?

M. DIMANCHE : Non, Monsieur, il faut que je m'en retourne tout à l'heure. Je...

DOM JUAN, *se levant :* Allons, vite un flambeau pour conduire M. Dimanche et que quatre ou cinq de mes gens prennent des mousquetons pour l'escorter.

M. DIMANCHE, *se levant de même :* Monsieur, il n'est pas nécessaire, et je m'en irai bien tout seul. Mais...

> *Sganarelle ôte les sièges promptement.*

DOM JUAN : Comment ? Je veux qu'on vous escorte, et je m'intéresse trop à votre personne. Je suis votre serviteur, et de plus votre débiteur.

M. DIMANCHE : Ah ! Monsieur...

DOM JUAN : C'est une chose que je ne cache pas, et je le dis à tout le monde.

M. DIMANCHE : Si...

DOM JUAN : Voulez-vous que je vous reconduise ?

M. DIMANCHE : Ah ! Monsieur, vous vous moquez, Monsieur...

DOM JUAN : Embrassez-moi donc, s'il vous plaît. Je vous prie encore une fois d'être persuadé que je suis tout à vous, et qu'il n'y a rien au monde que je ne fisse pour votre service. *(Il sort.)*

SGANARELLE : Il faut avouer que vous avez en Monsieur un homme qui vous aime bien.

M. DIMANCHE : Il est vrai ; il me fait tant de civilités et tant de compliments que je ne saurais jamais lui demander de l'argent.

SGANARELLE : Je vous assure que toute sa maison périrait pour vous ; et je voudrais qu'il vous arrivât quelque chose, que quelqu'un s'avisât de vous donner des coups de bâton ; vous verriez de quelle manière...

M. DIMANCHE : Je le crois ; mais, Sganarelle, je vous prie de lui dire un petit mot de mon argent.

SGANARELLE : Oh ! ne vous mettez pas en peine, il vous payera le mieux du monde.

M. DIMANCHE : Mais vous, Sganarelle, vous me devez quelque chose en votre particulier.

SGANARELLE : Fi ! ne parlez pas de cela.

M. DIMANCHE : Comment ? Je...

SGANARELLE : Ne sais-je pas bien que je vous dois ?

M. DIMANCHE : Oui, mais...

SGANARELLE : Allons, Monsieur Dimanche, je vais vous éclairer.

M. DIMANCHE : Mais mon argent...

SGANARELLE, *prenant M. Dimanche par le bras* : Vous moquez-vous ?

M. DIMANCHE : Je veux...

SGANARELLE, *le tirant* : Eh !

M. DIMANCHE : J'entends...

SGANARELLE, *le poussant* : Bagatelles.

M. DIMANCHE : Mais...

SGANARELLE, *le poussant* : Fi !

M. DIMANCHE : Je...

SGANARELLE, *le poussant tout à fait hors du théâtre* : Fi ! vous dis-je.

SCÈNE IV

DOM LOUIS, DOM JUAN,
LA VIOLETTE, SGANARELLE

LA VIOLETTE : Monsieur, voilà Monsieur votre père.

DOM JUAN : Ah ! me voici bien : il me fallait cette visite pour me faire enrager.

DOM LOUIS : Je vois bien que je vous embarrasse et que vous vous passeriez fort aisément de ma venue. A dire vrai, nous nous incommodons étrangement l'un et l'autre ; et si vous êtes las de me voir, je suis bien las aussi de vos déportements. Hélas ! que nous savons peu ce que nous faisons quand nous ne laissons pas au Ciel le soin des choses qu'il nous faut, quand nous voulons être plus avisés que lui, et que nous venons à l'importuner par nos souhaits aveugles et nos demandes inconsidérées ! J'ai souhaité un fils avec des ardeurs nonpareilles ; je l'ai demandé sans relâche avec des transports incroyables ; et ce fils, que j'obtiens en fatiguant le Ciel de vœux, est le chagrin et le supplice de cette vie même dont je croyais qu'il devait être la joie et la consolation. De quel œil, à votre avis, pensez-vous que je puisse voir cet amas d'actions indignes, dont on a peine, aux yeux du monde, d'adoucir le mauvais visage, cette suite continuelle de méchantes affaires, qui nous réduisent, à toutes heures, à lasser les bontés du Souverain, et qui ont épuisé auprès de lui le mérite de mes services et le crédit de mes amis ? Ah ! quelle bassesse est la vôtre ! Ne rougissez-vous point de mériter si peu votre naissance ? Êtes-vous en droit, dites-moi, d'en tirer quelque vanité ? Et qu'avez-vous fait dans le monde pour être gentilhomme ? Croyez-vous qu'il suffise d'en porter le nom et les armes, et que ce nous soit une gloire d'être sorti d'un sang noble lorsque nous vivons en infâmes ? Non, non, la naissance n'est rien où la vertu n'est pas. Aussi nous n'avons part à la gloire de nos ancêtres qu'autant que nous nous efforçons de leur ressembler ; et cet éclat de leurs actions qu'ils répandent sur nous nous impose un engagement de leur faire le même honneur, de suivre les pas qu'ils nous tracent, et de ne point dégénérer de leurs vertus, si nous voulons être estimés leurs véritables descendants. Ainsi vous descendez en vain des aïeux dont vous êtes né : ils vous désavouent pour leur sang, et tout ce qu'ils ont fait d'illustre ne vous donne aucun avantage ; au contraire, l'éclat n'en rejaillit sur vous qu'à votre déshonneur, et leur gloire est un flambeau qui éclaire aux yeux d'un chacun la honte de vos actions. Apprenez enfin qu'un gentil-homme qui vit mal est un monstre dans la nature, que la vertu est le premier titre de noblesse, que je regarde bien moins au nom qu'on signe qu'aux actions qu'on fait, et que je ferais plus d'état du fils d'un crocheteur qui serait honnête homme que du fils d'un monarque qui vivrait comme vous.

DOM JUAN : Monsieur, si vous étiez assis, vous en seriez mieux pour parler.

DOM LOUIS : Non, insolent, je ne veux point m'asseoir, ni parler davantage, et je vois bien que toutes mes paroles ne font rien sur ton âme. Mais sache, fils indigne, que la tendresse paternelle est poussée à bout par tes actions, que je saurai, plus tôt que tu ne penses, mettre une borne à tes dérèglements, prévenir sur toi le courroux du Ciel, et laver par ta punition la honte de t'avoir fait naître. *(Il sort.)*

SCÈNE V

DOM JUAN, SGANARELLE

DOM JUAN : Eh ! mourez le plus tôt que vous pourrez, c'est le mieux que vous puissiez faire. Il faut que chacun ait son tour, et j'enrage de voir des pères qui vivent autant que leurs fils. *(Il se met dans son fauteuil.)*

SGANARELLE : Ah : Monsieur, vous avez tort.

DOM JUAN : J'ai tort ?

SGANARELLE : Monsieur...

DOM JUAN *se lève de son siège* : J'ai tort ?

SGANARELLE : Oui, Monsieur, vous avez tort d'avoir souffert ce qu'il vous a dit, et vous le deviez mettre dehors par les épaules. A-t-on jamais rien vu de plus impertinent ? Un père venir faire des remontrances à son fils, et lui dire de corriger ses actions, de se ressouvenir de sa naissance, de mener une vie d'honnête homme, et cent autres sottises de pareille nature ! Cela se peut-il souffrir à un homme comme vous, qui savez comme il faut vivre ? J'admire votre patience ; et si

j'avais été en votre place, je l'aurais envoyé promener. Ô
complaisance maudite ! à quoi me réduis-tu ?

DOM JUAN : Me fera-t-on souper bientôt ?

SCÈNE VI

DOM JUAN, DONE ELVIRE, RAGOTIN, SGANARELLE

RAGOTIN : Monsieur, voici une dame voilée qui vient
vous parler.

DOM JUAN : Que pourrait-ce être ?

SGANARELLE : Il faut voir.

DONE ELVIRE : Ne soyez point surpris, Dom Juan, de
me voir à cette heure et dans cet équipage. C'est un
motif pressant qui m'oblige à cette visite, et ce que j'ai à
vous dire ne veut point du tout de retardement. Je ne
viens point ici pleine de ce courroux que j'ai tantôt fait
éclater, et vous me voyez bien changée de ce que j'étais
ce matin. Ce n'est plus cette Done Elvire qui faisait des
vœux contre vous, et dont l'âme irritée ne jetait que
menaces et ne respirait que vengeance. Le Ciel a banni
de mon âme toutes ces indignes ardeurs que je sentais
pour vous, tous ces transports tumultueux d'un attachement criminel, tous ces honteux emportements d'un
amour terrestre et grossier ; et il n'a laissé dans mon
cœur pour vous qu'une flamme épurée de tout le
commerce des sens, une tendresse toute sainte, un
amour détaché de tout, qui n'agit point pour soi, et ne
se met en peine que de votre intérêt.

DOM JUAN, à Sganarelle : Tu pleures, je pense.

SGANARELLE : Pardonnez-moi.

DONE ELVIRE : C'est ce parfait et pur amour qui me
conduit ici pour votre bien, pour vous faire part d'un
avis du Ciel, et tâchez de vous retirer du précipice où
vous courez. Oui, Dom Juan, je sais tous les dérèglements de votre vie, et ce même Ciel, qui m'a touché le

cœur et fait jeter les yeux sur les égarements de ma
conduite, m'a inspiré de vous venir trouver, et de vous
dire, de sa part, que vous offenses ont épuisé sa miséricorde, que sa colère redoutable est prête de tomber sur
vous, qu'il est en vous de l'éviter par un prompt repentir, et que peut-être vous n'avez pas encore un jour à
vous pouvoir soustraire au plus grand de tous les mal-
heurs. Pour moi, je ne tiens plus à vous par aucun
attachement du monde ; je suis revenue, grâces au Ciel,
de toutes mes folles pensées ; ma retraite est résolue, et
je ne demande qu'assez de vie pour pouvoir expier la
faute que j'ai faite, et mériter, par une austère péni-
tence, le pardon de l'aveuglement où m'ont plongée les
transports d'une passion condamnable. Mais, dans
cette retraite, j'aurais une douleur extrême qu'une personne que j'ai chérie tendrement devînt un exemple
funeste de la justice du Ciel ; et ce me sera une joie
incroyable si je puis vous porter à détourner de dessus
votre tête l'épouvantable coup qui vous menace. De
grâce, Dom Juan, accordez-moi, pour dernière faveur,
cette douce consolation ; ne me refusez point votre
salut, que je vous demande avec larmes ; et si vous
n'êtes point touché de votre intérêt, soyez-le au moins
de mes prières, et m'épargnez le cruel déplaisir de vous
voir condamner à des supplices éternels.

SGANARELLE : Pauvre femme :

DONE ELVIRE : Je vous ai aimé avec une tendresse
extrême, rien au monde ne m'a été si cher que vous ; j'ai
oublié mon devoir pour vous, j'ai fait toutes choses
pour vous ; et toute la récompense que je vous en
demande, c'est de corriger votre vie, et de prévenir
votre perte. Sauvez-vous, je vous prie, ou pour l'amour
de vous, ou pour l'amour de moi. Encore une fois, Dom
Juan, je vous le demande avec larmes ; et si ce n'est
assez des larmes d'une personne que vous avez aimée,
je vous en conjure par tout ce qui est le plus capable de
vous toucher.

SGANARELLE : Cœur de tigre !

DONE ELVIRE : Je m'en vais, après ce discours, et voilà tout ce que j'avais à vous dire.

DOM JUAN : Madame, il est tard, demeurez ici : on vous y logera le mieux qu'on pourra.

DONE ELVIRE : Non, Dom Juan, ne me retenez pas davantage.

DOM JUAN : Madame, vous me ferez plaisir de demeurer, je vous assure.

DONE ELVIRE : Non, vous dis-je, ne perdons point de temps en discours superflus. Laissez-moi vite aller, ne faites aucune instance pour me conduire, et songez seulement à profiter de mon avis.

SCÈNE VII

DOM JUAN, SGANARELLE, SUITE

DOM JUAN : Sais-tu bien que j'ai encore senti quelque peu d'émotion pour elle, que j'ai trouvé de l'agrément dans cette nouveauté bizarre, et que son habit négligé, son air languissant et ses larmes ont réveillé en moi quelques petits restes d'un feu éteint ?

SGANARELLE : C'est-à-dire que ses paroles n'ont fait aucun effet sur vous.

DOM JUAN : Vite à souper.

SGANARELLE : Fort bien.

DOM JUAN, *se mettant à table :* Sganarelle, il faut songer à s'amender pourtant.

SGANARELLE : Qui dea !

DOM JUAN : Oui, ma foi ! il faut s'amender ; encore vingt ou trente ans de cette vie-ci, et puis nous songerons à nous.

SGANARELLE : Oh !

DOM JUAN : Qu'en dis-tu ?

SGANARELLE : Rien. Voilà le souper.

Il prend un morceau d'un des plats qu'on apporte et le met dans sa bouche.

DOM JUAN : Il me semble que tu as la joue enflée ; qu'est-ce que c'est ? Parle donc, qu'as-tu là ?

SGANARELLE : Rien.

DOM JUAN : Montre un peu. Parbleu ! c'est une fluxion qui lui est tombée sur la joue. Vite une lancette pour percer cela. Le pauvre garçon n'en peut plus, et cet abcès le pourrait étouffer. Attends : voyez comme il était mûr. Ah ! coquin que vous êtes !

SGANARELLE : Ma foi ! Monsieur, je voulais voir si votre cuisiner n'avait point mis trop de sel ou trop de poivre.

DOM JUAN : Allons, mets-toi là, et mange. J'ai affaire de toi quand j'aurai soupé. Tu as faim à ce que je vois.

SGANARELLE *se met à table* : Je le crois bien, Monsieur : je n'ai point mangé depuis ce matin. Tâtez de cela, voilà qui est le meilleur du monde.

Un laquais ôte les assiettes de Sgnararelle d'abord qu'il y a dessus à manger.

Mon assiette, mon assiette ! tout doux, s'il vous plaît. Vertubleu ! petit compère, que vous êtes habile à donner des assiettes nettes ! et vous, petit la Violette, que vous savez présenter à boire à propos !

Pendant qu'un laquais donne à boire à Sganarelle, l'autre laquais ôte encore son assiette.

DOM JUAN : Qui peut frapper de cette sorte ?

SGANARELLE : Qui diable nous vient troubler dans notre repas ?

DOM JUAN : Je veux souper en repos au moins, et qu'on ne laisse entrer personne.

SGANARELLE : Laissez-moi faire, je m'y en vais moi-même.

DOM JUAN : Qu'est-ce donc ? Qu'y a-t-il ?

SGANARELLE, *baissant la tête comme a fait la Statue :* Le... qui est là !

DOM JUAN : Allons voir, et montrons que rien ne me saurait ébranler.

SGANARELLE : Ah ! pauvre Sganarelle, où te cacheras-tu ?

SCÈNE VIII

DOM JUAN, LA STATUE
DU COMMANDEUR, *qui vient se mettre à table*,
sganarelle, suite

DOM JUAN : Une chaise et un couvert, vite donc. *(A Sganarelle.)* Allons, mets-toi à table.

SGANARELLE : Monsieur, je n'ai plus de faim.

DOM JUAN : Mets-toi là, te dis-je. A boire. A la santé du Commandeur : je te la porte, Sganarelle. Qu'on lui donne du vin.

SGANARELLE : Monsieur, je n'ai pas soif.

DOM JUAN : Bois, et chante ta chanson, pour régaler le Commandeur.

SGANARELLE : Je suis enrhumé, Monsieur.

DOM JUAN : Il n'importe. Allons. Vous autres, venez, accompagner sa voix.

LA STATUE : Dom Juan, c'est assez. Je vous invite à venir demain souper avec moi. En aurez-vous le courage ?

DOM JUAN : Oui, j'irai, accompagné du seul Sganarelle.

SGANARELLE : Je vous rends grâce, il est demain jeûne pour moi.

DOM JUAN, *à Sganarelle* : Prends ce flambeau.

LA STATUE : On n'a pas besoin de lumière, quand on est conduit par le Ciel.

ACTE V

SCÈNE PREMIÈRE

DOM LOUIS, DOM JUAN, SGANARELLE

DOM LOUIS : Quoi ? mon fils, serait-il possible que la bonté du Ciel eût exaucé mes vœux ? Ce que vous me dites est-il bien vrai ? ne m'abusez-vous point d'un faux espoir, et puis-je prendre quelque assurance sur la nouveauté surprenante d'une telle conversion ?

DOM JUAN, *faisant l'hypocrite :* Oui, vous me voyez revenu de toutes mes erreurs ; je ne suis plus le même d'hier au soir, et le Ciel tout d'un coup a fait en moi un changement qui va surprendre tout le monde : il a touché mon âme et dessillé mes yeux, et je regarde avec horreur le long aveuglement où j'ai été, et les désordres criminels de la vie que j'ai menée. J'en repasse dans mon esprit toutes les abominations, et m'étonne comme le Ciel les a pu souffrir si longtemps, et n'a pas vingt fois sur ma tête laissé tomber les coups de sa justice redoutable. Je vois les grâces que sa bonté m'a faites en ne me punissant point de mes crimes ; et je prétends en profiter comme je dois, faire éclater aux yeux du monde un soudain changement de vie, réparer par-là le scandale de mes actions passées, et m'efforcer d'en obtenir du Ciel une pleine rémission. C'est à quoi je vais travailler ; et je vous prie, Monsieur, de vouloir bien contribuer à ce dessein, et de m'aider vous-même à faire choix d'une personne qui me serve de guide, et sous la conduite de qui je puisse marcher sûrement dans le chemin où je m'en vais entrer.

DOM LOUIS : Ah ! mon fils, que la tendresse d'un père est aisément rappelée, et que les offenses d'un fils s'évanouissent vite au moindre mot de repentir ! Je ne me souviens plus déjà de tous les déplaisirs que vous m'avez donnés, et tout est effacé par les paroles que vous venez de me faire entendre. Je ne me sens pas, je l'avoue ; je jette des larmes de joie ; tous mes vœux sont satisfaits, et je n'ai plus rien désormais à demander au Ciel. Embrassez-moi, mon fils, et persistez, je vous conjure, dans cette louable pensée. Pour moi, j'en vais tout de ce pas porter l'heureuse nouvelle à votre mère, partager avec elle les doux transports du ravissement où je suis, et rendre grâce au Ciel des saintes résolutions qu'il a daigné vous inspirer.

SCÈNE II

DOM JUAN, SGANARELLE

SGANARELLE : Ah ! Monsieur, que j'ai de joie de vous voir converti ! Il y a longtemps que j'attendais cela, et voilà, grâce au Ciel, tous mes souhaits accomplis.

DOM JUAN : La peste le benêt !

SGANARELLE : Comment, le benêt ?

DOM JUAN : Quoi ? tu prends pour de bon argent ce que je viens de dire, et tu crois que ma bouche était d'accord avec mon cœur ?

SGANARELLE : Quoi ? ce n'est pas... Vous ne... Votre... Oh ! quel homme ! quel homme ! quel homme !

DOM JUAN : Non, non, je ne suis point changé, et mes sentiments sont toujours les mêmes.

SGANARELLE : Vous ne vous rendez pas à la surprenante merveille de cette statue mouvante et parlante ?

DOM JUAN : Il y a bien quelque chose là-dedans que je ne comprends pas ; mais quoi que ce puisse être, cela n'est pas capable ni de convaincre mon esprit, ni d'ébranler mon âme ; et si j'ai dit que je voulais corriger ma conduite et me jeter dans un train de vie exemplaire, c'est un dessein que j'ai formé par pure politique, un stratagème utile, une grimace nécessaire où je veux me contraindre, pour ménager un père dont j'ai besoin, et me mettre à couvert, du côté des hommes, de cent fâcheuses aventures qui pourraient m'arriver. Je veux bien, Sganarelle, t'en faire confidence, et je suis bien aise d'avoir un témoin du fond de mon âme et des véritables motifs qui m'obligent à faire les choses.

SGANARELLE : Quoi ? vous ne croyez rien du tout, et vous voulez cependant vous ériger un homme de bien ?

DOM JUAN : Et pourquoi non ? Il y en a tant d'autres comme moi, qui se mêlent de ce métier, et qui se servent du même masque pour abuser le monde !

SGANARELLE : Ah ! quel homme ! quel homme !

DOM JUAN : Il n'y a plus de honte maintenant à cela : l'hypocrisie est un vice à la mode, et tous les vices à la mode passent pour vertus. Le personnage d'homme de bien est le meilleur de tous les personnages qu'on puisse jouer aujourd'hui, et la profession d'hypocrite a de merveilleux avantages. C'est un art de qui l'imposture est toujours respectée ; et quoiqu'on la découvre, on n'ose rien dire contre elle. Tous les autres vices des hommes sont exposés à la censure, et chacun a la liberté de les attaquer hautement ; mais l'hypocrisie est un vice privilégié, qui, de sa main, ferme la bouche à tout le monde, et jouit en repos d'une impunité souveraine. On lie, à force de grimaces, une société étroite avec tous les gens du parti. Qui en choque un se les jette tous sur les bras ; et ceux que l'on sait même agir de bonne foi là-dessus, et que chacun connaît pour être véritablement touchés, ceux-là, dis-je, sont toujours les dupes des autres ; ils donnent hautement dans le pan-

neau des grimaciers et appuient aveuglément les singes
de leurs actions. Combien crois-tu que j'en connaisse
qui, par ce stratagème, ont rhabillé adroitement les
désordres de leur jeunesse, qui se sont fait un bouclier
du manteau de la religion, et, sous cet habit respecté,
ont la permission d'être les plus méchants hommes du
monde ? On a beau savoir leurs intrigues et les
connaître pour ce qu'ils sont, ils ne laissent pas pour
cela d'être en crédit parmi les gens ; et quelque baisse-
ment de tête, un soupir mortifié, et deux roulements
d'yeux rajustent dans le monde tout ce qu'ils peuvent
faire. C'est sous cet abri favorable que je veux me sauver, et mettre en sûreté mes affaires. Je ne quitterai
point mes douces habitudes ; mais j'aurai soin de me
cacher et me divertirai à petit bruit. Que si je viens à
être découvert, je verrai, sans me remuer, prendre mes
intérêts à toute la cabale, et je serai défendu par elle
envers et contre tous. Enfin c'est là le vrai moyen de
faire impunément tout ce que je voudrai. Je m'érigerai
en censeur des actions d'autrui, jugerai mal de tout le
monde, et n'aurai bonne opinion que de moi. Dès
qu'une fois on m'aura choqué tant soit peu, je ne par-
donnerai jamais et garderai tout doucement une haine
irréconciliable. Je ferai le vengeur des intérêts du Ciel,
et, sous ce prétexte commode, je pousserai mes enne-
mis, je les accuserai d'impiété, et saurai déchaîner
contre eux des zélés indiscrets, qui, sans connaissance
de cause, crieront en public contre eux, qui les accable-
ront d'injures, et les damneront hautement de leur
autorité privée. C'est ainsi qu'il faut profiter des fai-
blesses des hommes, et qu'un sage esprit s'accommode
aux vices de son siècle.

   SGANARELLE : Ô Ciel ! qu'entends-je ici ? Il ne vous
manquait plus que d'être hypocrite pour vous achever
de tout point, et voilà le comble des abominations.
Monsieur, cette dernière-ci m'emporte et je ne puis
m'empêcher de parler. Faites-moi tout ce qu'il vous

plaira, battez-moi, assommez-moi de coups, tuez-moi,
si vous voulez : il faut que je décharge mon cœur, et
qu'en valet fidèle je vous dise ce que je dois. Sachez,
Monsieur, que tant va la cruche à l'eau qu'enfin elle se
brise ; et comme dit fort bien cet auteur que je ne
connais pas, l'homme est en ce monde ainsi que
l'oiseau sur la branche ; la branche est attachée à
l'arbre ; qui s'attache à l'arbre suit de bons préceptes ;
les bons préceptes valent mieux que les belles paroles ;
les belles paroles se trouvent à la cour ; à la cour sont
les courtisans ; les courtisans suivent la mode ; la mode
vient de la fantaisie ; la fantaisie est une faculté de
l'âme ; l'âme est ce qui nous donne la vie ; la vie finit
par la mort ; la mort nous fait penser au Ciel ; le Ciel est
au-dessus de la terre ; la terre n'est point la mer ; la mer
est sujette aux orages ; les orages tourmentent les vaisseaux ; les vaisseaux ont besoin d'un bon pilote ; un bon
pilote a de la prudence ; la prudence n'est point dans les
jeunes gens ; les jeunes gens doivent obéissance aux
vieux ; les vieux aiment les richesses ; les richesses font
les riches ; les riches ne sont pas pauvres ; les pauvres
ont de la nécessité, nécessité n'a point de loi ; qui n'a
point de loi vit en bête brute ; et par conséquent, vous
serez damné à tous les diables.

DOM JUAN : Ô le beau raisonnement !

SGANARELLE : Après cela, si vous ne vous rendez, tant
pis pour vous.

SCÈNE III

DOM CARLOS, DOM JUAN, SGANARELLE

DOM CARLOS : Dom Juan, je vous trouve à propos, et
suis bien aise de vous parler ici plutôt que chez vous,
pour vous demander vos résolutions. Vous savez que ce
soin me regarde, et que je me suis en votre présence

chargé de cette affaire. Pour moi je ne le cèle point, je souhaite fort que les choses aillent dans la douceur ; et il n'y a rien que je ne fasse pour porter votre esprit à vouloir prendre cette voie, et pour vous voir publiquement confirmer à ma sœur le nom de votre femme.

DOM JUAN, *d'un ton hypocrite :* Hélas ! je voudrais bien, de tout mon cœur, vous donner la satisfaction que vous souhaitez ; mais le Ciel s'y oppose directement : il a inspiré à mon âme le dessein de changer de vie, et je n'ai point d'autres pensées maintenant que de quitter entièrement tous les attachements du monde, de me dépouiller au plus tôt de toutes sortes de vanités, et de corriger désormais par une austère conduite tous les dérèglements criminels où m'a porté le feu d'une aveugle jeunesse.

DOM CARLOS : Ce dessein, Dom Juan, ne choque point ce que je dis ; et la compagnie d'une femme légitime peut bien s'accommoder avec les louables pensées que le Ciel vous inspire.

DOM JUAN : Hélas ! point du tout. C'est un dessein que votre sœur elle-même a pris : elle a résolu sa retraite et nous avons été touchés tous deux en même temps.

DOM CARLOS : Sa retraite ne peut nous satisfaire, pouvant être imputée au mépris que vous feriez d'elle et de notre famille ; et notre honneur demande qu'elle vive avec vous.

DOM JUAN : Je vous assure que cela ne se peut. J'en avais, pour moi, toutes les envies du monde, et je me suis même encore aujourd'hui conseillé au Ciel pour cela ; mais, lorsque je l'ai consulté j'ai entendu une voix qui m'a dit que je ne devais point songer à votre sœur, et qu'avec elle assurément je ne ferais point mon salut.

DOM CARLOS : Croyez-vous, Dom Juan, nous éblouir par ces belles excuses ?

DOM JUAN : J'obéis à la voix du Ciel.

DOM CARLOS : Quoi ? vous voulez que je me paye d'un semblable discours ?

DOM JUAN : C'est le Ciel qui le veut ainsi.

DOM CARLOS : Vous aurez fait sortir ma sœur d'un couvent, pour la laisser ensuite ?

DOM JUAN : Le Ciel l'ordonne de la sorte.

DOM CARLOS : Nous souffrirons cette tache en notre famille ?

DOM JUAN : Prenez-vous-en au Ciel.

DOM CARLOS : Et quoi ? toujours le Ciel ?

DOM JUAN : Le Ciel le souhaite comme cela.

DOM CARLOS : Il suffit, Dom Juan, je vous entends. Ce n'est pas ici que je veux vous prendre, et le lieu ne le souffre pas ; mais, avant qu'il soit peu, je saurai vous trouver.

DOM JUAN : Vous ferez ce que vous voudrez ; vous savez que je ne manque point de cœur, et que je sais me servir de mon épée quand il le faut. Je m'en vais passer tout à l'heure dans cette petite rue écartée qui mène au grand couvent ; mais je vous déclare, pour moi, que ce n'est point moi qui me veux battre : le Ciel m'en défend la pensée ; et si vous m'attaquez, nous verrons ce qui en arrivera.

DOM CARLOS : Nous verrons, de vrai, nous verrons.

SCÈNE IV

DOM JUAN, SGANARELLE

SGANARELLE : Monsieur, quel diable de style prenez-vous là ? Ceci est bien pis que le reste, et je vous aimerais bien mieux encore comme vous étiez auparavant. J'espérais toujours de votre salut ; mais c'est maintenant que j'en désespère ; et je crois que le Ciel, qui vous a souffert jusques ici, ne pourra souffrir du tout cette dernière horreur.

DOM JUAN : Va, va, le Ciel n'est pas si exact que tu penses ; et si toutes les fois que les hommes...

SGANARELLE : Ah, Monsieur, c'est le Ciel qui vous parle, et c'est un avis qu'il vous donne.

DOM JUAN : Si le Ciel me donne un avis, il faut qu'il parle un peu plus clairement, s'il veut que je l'entende.

SCÈNE V

DOM JUAN, UN SPECTRE, *en femme voilée*, SGANARELLE

LE SPECTRE : Dom Juan n'a plus qu'un moment à pouvoir profiter de la miséricorde du Ciel ; et s'il ne se repent ici, sa perte est résolue.

SGANARELLE : Entendez-vous, Monsieur ?

DOM JUAN : Qui ose tenir ces paroles ? Je crois connaître cette voix.

SGANARELLE : Ah ! Monsieur, c'est un spectre : je le reconnais au marcher.

DOM JUAN : Spectre, fantôme, ou diable, je veux voir ce que c'est.

Le Spectre change de figure et représente le Temps avec sa faux à la main.

SGANARELLE : Ô Ciel ! voyez-vous, Monsieur, ce changement de figure ?

DOM JUAN : Non, non, rien n'est capable de m'imprimer de la terreur, et je veux éprouver avec mon épée si c'est un corps ou un esprit.

Le Spectre s'envole dans le temps que Dom Juan le veut frapper.

SGANARELLE : Ah ! Monsieur, rendez-vous à tant de preuves, et jetez-vous vite dans le repentir.

DOM JUAN : Non, non, il ne sera pas dit, quoi qu'il arrive, que je sois capable de me repentir. Allons, suis-moi.

SCÈNE VI

LA STATUE, DOM JUAN, SGANARELLE

LA STATUE : Arrêtez, Dom Juan : vous m'avez hier donné parole de venir manger avec moi.

DOM JUAN : Oui. Où faut-il aller ?

LA STATUE : Donnez-moi la main.

DOM JUAN : La voilà.

LA STATUE : Dom Juan, l'endurcissement au péché traîne une mort funeste, et les grâces du Ciel que l'on renvoie ouvrent un chemin à sa foudre.

DOM JUAN : Ô Ciel ! que sens-je ? Un feu invisible me brûle, je n'en puis plus et tout mon corps devient...

SGANARELLE : Ah ! mes pages, mes gages ! voilà par sa mort un chacun satisfait : Ciel offensé, lois violées, filles séduites, familles déshonorées, parents outragés, femmes mises à mal, maris poussés à bout, tout le monde est content. Il n'y a que moi seul de malheureux. Mes gages, mes gages, mes gages !

LE TARTUFFE
OU L'IMPOSTEUR

DOM JUAN
OU LE FESTIN DE PIERRE

DISTRIBUTION

ALLEMAGNE

SWAN BUCH-VERTRIEB GMBH
Goldscheuerstrasse 16
D-77694 Kehl/Rhein

BELGIQUE

UITGEVERIJ EN BOEKHANDEL
VAN GENNEP BV
Spuistraat 283
1012 VR Amsterdam
Pays-Bas

CANADA

EDILIVRE INC.
DIFFUSION SOUSSAN
5518 Ferrier
Mont-Royal, QC H4P 1M2

ESPAGNE

RIBERA LIBRERIA
Dr Areilza 19
48011 Bilbao

ÉTATS-UNIS

POWELL'S BOOKSTORE
1501 East 57th Street
Chicago, Illinois 60637

TEXAS BOOKMAN
8650 Denton Drive
75235 Dallas, Texas

FRANCE

BOOKKING INTERNATIONAL
16 rue des Grands Augustins
75006 Paris

GRANDE-BRETAGNE

SANDPIPER BOOKS LTD
22 a Langroyd Road
London SW17 7PL

ITALIE

MAGIS BOOKS s.r.l.
Vicolo Trivelli 6
42100 Reggio Emilia

LIBAN

LA PHENICIE
BP 50291
Furn EL Chebback
Beyrouth

SORED
BP 166210
Rue Mar Maroun
Beyrouth

MAROC

LIBRAIRIE DES ÉCOLES
12 av. Hassan II
Casablanca

PORTUGAL

CENTRALIVROS
Av. Cintura do Porto de Lisboa
Urbanizacao da Matinha A-2C
1900 Lisboa

PAYS-BAS

UITGEVERIJ EN BOEKHANDEL
VAN GENNEP BV
Spuistraat 283
1012 VR Amsterdam

RÉPUBLIQUE ARABE UNIE

DAR EL NASHR
HATIER
10 rue Abi Emama
BP 1969 Dokki
Le Caire

SUÈDE

LONGUS BOOK IMPORTS
Box 30161
S - 10425 Stockholm

SUISSE

MEDEA DIFFUSION
Z.I. 3 Corminboeuf
Case Postale 559
1701 Fribourg

TAIWAN

POINT FRANCE LIVRE
Diffusion de l'édition française
Han Yang Bd 7 F
374 Pa Teh Rd.
Section 2 - Taipei

IMPRIMÉ EN FRANCE PAR BRODARD ET TAUPIN
6105 J-5 Usine de La Flèche (Sarthe), le 06-06-1994
B/022-94 – Dépôt légal, Juin 1994
ISBN : 2-87714-197-7